보는 순간 사게 되는 1초 문구

보는 순간 사게 되는 1초 문구

2021년 10월 27일 초판 01쇄 발행
2025년 01월 10일 초판 11쇄 발행

지은이 장문정

발행인 이규상   편집인 임현숙
편집장 김은영   교정교열 이정현
콘텐츠사업팀 문지연 강정민 정윤정 원혜윤 윤선애
디자인팀 최희민 두형주
채널 및 제작 관리 이순복   회계팀 김하나

펴낸곳 (주)백도씨
출판등록 제2012-000170호(2007년 6월 22일)
주소 03044 서울시 종로구 효자로7길 23, 3층(통의동 7-33)
전화 02 3443 0311(편집) 02 3012 0117(마케팅) 팩스 02 3012 3010
이메일 book@100doci.com(편집·원고 투고) valva@100doci.com(유통·사업 제휴)
인스타그램 @blackfish_book

ISBN 978-89-6833-342-2 03320
ⓒ 장문정, 2021, Printed in Korea

보는 순간 사게 되는
1초 문구

장문정 지음

블랙피쉬
Black Fish

당장 돈 되는 마케팅이
간절한 당신에게

치열한 마케팅 전쟁에서 당신이 이기기 위해 이 책이 필요한 이유는 총 4가지입니다.

첫째, 총명성(聰明性)입니다. 정직한 육체노동보다 번뜩이는 지적 자산이 벌어다 주는 돈이 빠릅니다. 우리는 자본 시대에 살고 있습니다. 그런데 홀로 노동 시대에 살고 있지는 않으신지요? 자본 시대에는 노동 수익이 결코 자본 수익을 이길 수 없습니다. 노동 수익은 나의 한정된 시간을 남을 위해서 사용하는 것이지만, 자본 수익은 내 자본이 시간과 공간을 초월해 나를 위해 스스로 일하게 하는 것이기 때문입니다.

중세 시대 갤리선에서 누구는 배 위에서 여유롭게 식사를 했지만, 누구는 배 밑에서 죽어라 노를 저었습니다. 산업혁명 시대 증기선에서 누구는 배 위에서 여유롭게 식사를 했지만, 누구는 배 밑에서 석탄 집어넣으면서 죽어라 삽질만 했습니다. 시대가 변해도 노동자들은 배 위에 있는 자본 소득자들을 이길 수 없었습니다. 역사가 증명합니다.

다행인 건 당신이 자본 시대에 살고 있다는 겁니다. 돈이 돈을 벌게 하는 시대인데도 배 밑으로 들어가고 싶으십니까? 상품 언어가 바로 당신의 자본입니다. 상품 언어가 당신의 노동을 대신해 알아서 일을 하며 돈을 벌어줍니다.

둘째, 생산성(生産性)입니다. 머리랑 손이 싸우면 누가 이길까요? 머리가 이깁니다. 미국에서는 손으로 일하는 계산원만 350만 명입니다만 한 사람의 머리에서 나온 무인매장 아마존고가 350만 명의 손을 대신할 날이 코앞입니다. 평창 동계 올림픽 개막식에서는 단 한 명의 머리가 드론 1,700대를 조정했습니다. 수천 명의 손을 컴퓨터 프로그램 하나가 대신해 버렸지요. 사물인터넷(IOT) 자판기가 나오면서 단 한 명의 머리가 100대의 커피 자판기를 관리할 수 있게 됐습니다. 톰 행크스는 영화 〈캐스트 어웨이〉에서 무인도에 낙오된 사람을 연기하기 위해 개고생하며 수개월 동안 살을 뺐습니다만 크리스 에반스는 〈퍼스트 어벤져〉에서 가볍게 CG처리 했습니다.

노력의 총량보다 노력의 방향이 중요합니다. 열심히 '노오력'을 하며 발품, 손품 팔기는 그만하고 상품 언어가 대신 일하게 하십시오. 상품 언어는 수많은 아바타가 되어 당신 대신 밤낮없이 모든 소비자를 동시에 상대하며 알아서 열심히 돈을 벌어줍니다. 고객에게 쏟아내는 당신의 입은 하나지만 상품 언어는 무제한 복제 활동을 합니다. 그리고 당신이 지우지 않는 이상 상품 언어는 무한동력으로 결코 세일즈를 멈추지 않습니다. "게임을 할 시간에 차라리 게임을 만들라"는 말처럼 상품 언어는 무조건 판매 지향적이기에 생산성이 탁월합니다. 가장 생산성이 좋은 마케팅 활동으로 상품 언어만 한 것은 없습니다.

셋째, 안정성(安定性)입니다. 마케팅은 모험입니다. 마케팅을 하려면 기본적으로 비용이 들지만 결과가 신통치 않으면 손실이 발생하니까요. 그러니 가장 안전한 마케팅 활동으로 상품 언어만 한 것이 없습니다. 손해 볼 것이 없잖습니까?

제 고객사가 영상물 제작을 잘못해서 다시 제작하느라 비용 손실을 보거나 매장 인테리어가 잘못되어 다시 뜯어 고치느라 손해를 보는 경우를 봅니다만, 고객 지갑을 여는 상품 언어를 만드는 건 비용이 안 듭니다.

흔히 비싼 물건을 보면 금칠했냐고 합니다. 금칠을 해도 별거 없는 경우가 왕왕 있습니다. 영국의 젊은 청년 사업가 '라크 시라'는 자신의 람보르기니에 2억 원어치의 순금으로 도금을 했지만 주행 첫날 차에 문제가 생겨 활활 타버려 순식간에 잿더미가 되었습니다. 하지만 언어에 금칠을 하면 퇴색되거나 망가지거나 분실되지도 않으며 그 가치는 보전되고 오히려 생물처럼 자라나서 당신을 부(富)하게 만들어줄 수 있습니다. 상품 언어는 소비자가 혹하도록 언어에 금칠을 해서 근사하게 보이도록 만드는 돈 들지 않는 언어 포장 작업입니다.

넷째, 시의성(時宜性)입니다. 자동차는 신차 출시 후 시장 반응이 거꾸로 가는 경우들이 있습니다. 예를 들어 아반떼가 올 뉴 아반떼를, 티뷰론이 터뷸런스를, 그랜저 XG가 뉴 그랜저 XG를, 프라이드가 아벨라를 출시했을 때 디자인이 오히려 더 나빠졌다는 평을 들었지요. 하지만 그 시장 반응에 대응하는 데는 시간이 매우 많이 소요됩니다. 디자인을 새로 하고 주물 공정과 생산 라인을 다시 변경해야 하기 때문입니다. 디자인, 영상 등 마케팅 결과물이 탐탁치 않을 때 그것을 수정, 보완하는 것은 쉬운 일이 아닙니다.

이에 반해 상품 언어는 시장 대응력이 무엇보다 빠릅니다. 급변하는 트렌드에 맞게 쉽게 변경이 가능합니다. 뜨는 콘텐츠라면 바로 차용할 수 있는 순발력이 있고 오전에 사회적 이슈거리가 생기면 오후에 바로 적용시킬 수 있습니다.

총명성(스마트), 생산성(효율), 안정성(확률), 시의성(트렌드)을 극대화시키는 마케팅 해법을 찾고 계신 것이 아니었나요? 상품 언어는 이 모두를 충족시키며 최고의 시너지를 내는 마케팅의 최고봉이라 할 수 있습니다.

이 책에서 정답을 얻어 가길 바랍니다. 커피보다 카피로 끌리게 해드리겠습니다. 오히려 카피보다 뛰어난 상품 언어라는 직접적 세일즈 디바이스로 값진 매출과 성과를 선사해드리겠습니다. 유료로 구매한 책은 값어치를 해야 합니다. 이 책을 만들면서도 계속 염두에 둔 것은 독자의 현업에 적용이 될 수 있도록 구성했다는 점입니다. 모쪼록 이 책이 사고의 확장이라는 디딤돌의 기틀이 되기를 바랍니다.

제게는 수십 년간 쌓아온 기업 성과물을 접한 팬들과 제 칼럼과 책을 사랑해주신 많은 독자님들이 계십니다. 하지만 그간의 세일즈와 마케팅계의 장문정이라는 브랜드로 승부 보려는 건 아닙니다. 1919년 헤르만 헤세는 자신의 이름과 명성 때문에 작품이 잘나가는 게 아닌가 의심이 들어 에밀 싱클레어라는 가명을 써서 《데미안》을 출간했는데 그 책 역시 즉시 베스트셀러가 되었습니다. 저 역시 그간 축적해온 제 타이틀이 아닌 오롯이 이 책의 실용적 콘텐츠로만 승부를 보고자 합니다.

이야기에는 2종류가 있습니다. 내 이야기와 남의 이야기가 있습니다. 이 책은 다른 어느 곳에서도 볼 수 없는 유니크한 저만의 콘텐츠로 가득합니다.

개인적으로 독서량이 꽤 돼서, 출간되는 마케팅 신간들을 많이 읽다 보니 이제는 늘 등장하는 기업 사례와 반복되는 마케팅 용어들은 더 이상 새롭지가 않습니다. 어떤 독자에게 듣기를 유명인 이야기하는 책은 믿고 거른답니다. 안 만나봤더라는 거죠. 유명 기업 이야기도 거른답니다. 그 기업에 근무도 안 해보고 논하더라는 거죠. 해외 유명인, 유명 기업 사례는 곰국입니다. 인터넷과 신문에서 끝없이 반복됩니다. 또 거금의 마케팅 비용을 쏟아붓기에 소상공인들이 적용하기엔 현실성이 떨어집니다. **그래서 이 책은 보자마자 바로 실천 가능한 실용적 내용을 담고자 했습니다.**

신기한 건 기업의 비밀은 쉽게 공개가 안 되는데도 책들에서는 너무나 적나라하게 알려주는 듯합니다. 제가 일을 하면 가장 먼저 쓰는 것이 '비밀준수의무 서약서'입니다. 절대 외부에 공개 안 하겠다는 번복할 수 없는 굳은 약속입니다. 그 일부는 이렇습니다.

"본인(당사)은 귀사와의 업무 관계 등을 통하여 알게 된 다음과 같은 귀사의 기업비밀을 제3자에게 공개하거나 누설하지 아니하며, 귀사와 경쟁 관계에 있는 회사나 제3자를 위하여 절대 사용하지 않을 것이며, 만약 이 기업비밀준수 동의서를 위반하여 귀사에 손해를 끼친 경우에는 부정경쟁방지법 제11조 및 제12조 등 관련 규정에 의해 민·형사상 책임을 질 것을 서약합니다."

결국 당신이 진짜 알고 싶은 기밀 알짜 정보는 공개가 쉽지 않다는 이야기입니다. 저도 다 공개한다면 회사 문 닫아야겠죠. 제가 받는 대부분의 자료에는 자료 위에 워터마크로 영업비밀(Trade secret), 대외비(Confidential)란 낙인이 찍혀 있습니다. 일을 시작하기도 전에 기밀유지협약(NDA, Non-disclosure agreement: 기업 간에 사업 비밀을 공유하면서 사용을 제한할 때 체결하는 계약)을 맺고 시작합니다. 저는 그걸 다루는 전문 업자입니다.

글로 먹고 사는 전문 글쟁이가 아닌 저 같은 마케팅업자들은 사실 자신의 노하우를 심장 묻어놓은 것처럼 혼자만 감추고 삽니다. 그게 밥줄이니까요. 저도 기업 미팅 때 사용하는 제 노트북과 외장하드는 화장실까지 들고 다닙니다. 유출되었다가는 정말 감당이 안 되니까요. 한번은 용량을 높이면서 더 이상 쓰지 않는 외장하드를 포맷하고도 불안해서 불에 태웠습니다.

그럼에도 이 책에서는 아낌없이 비밀의 빗장을 풉니다. 적용하기 힘든 큰 기업 사례가 아닌, 저와 살이 닿아 있는 1인 기업 또는 소기업 등 소상공인들의 직접적 사례 위주로 구성했기 때문입니다. 우리 회사가 컨설팅한 사례들 중에 허락을 받은 독점적인 이야기들을 담았습니다. 또한 코로나 팬데믹 이후에 온라인에서 만난 이러닝 수강생들과 유튜브 장문정TV의 멤버십 독자님들의 고민과 제가 드린 마케팅 코칭, 해법을 담았습니다. 다만 모든 분의 허락을 일일이 받지 못한 점은 미리 사과드립니다.

교조적으로 들리실 수 있겠으나 고대 격언에서는 '사람에게 지식이 없으면 좋지 않다'(잠언 19:2 New World역, 이하 NW역)라고 합니다. 그러나 동시에 '지식은 우쭐되게 한다'(고린도 전서 8:1 NW역)라고도 합니다. 따라서 탁월한 지성과 방대한 지식을 뽐내기보다는 쉬운 표현과 적절한 사례 위주로 구성했습니다. 이 책의 원고를 쓸 때에는 책상 앞에 제가 좋아하는 곰인형을 놓아두고 독자라 생각하며 존댓말로 대화하듯 썼습니다.

한 대학에서 강의를 하는데 맨 앞줄에 교수님들이 앉아 있었습니다. 모두 학자들입니다. 서두를 "업자와 학자의 차이를 아십니까?"라고 물었습니다. 이어서 "업자에게는 품위를 찾아 볼수 없습니다. 이제 들려드릴 이야기에서 부디 품위를 찾지 마십시오"라고 했습니다. 마케팅에는 실로 품위란 없습니다. 하지만 제 삶도 품위가 없을 것이라 지레짐작하진 마십시오. 화가가 자신의 그림 속에 갇혀 살지 않듯 매일 전쟁 같은 마케팅을 하지만 제 삶은 전혀 마케팅스럽지 않습니다. 내적 평화를 사랑하며 고요히 살아갑니다. 쇼핑도 안하고 단벌 신사이며 13년째 낡은 국산 소형차를 몰며 물욕도 없습니다.

제가 국내외 신문, 잡지, 사보에 칼럼을 쓴 지가 십수 년째입니다.

제 이름으로 된 책도 여러 권입니다. 더구나 지난번 책을 쓰고서는 한쪽 눈의 시력을 크게 잃었습니다. 밤낮 자료에 파묻혀 살다보니 남들보다 눈을 많이 사용해 눈의 기능이 다했답니다. 안타깝게도 나머지 한 쪽 눈도 시력을 잃어가고 있습니다. 의사는 어쩌면 실명이 멀지 않았다고 합니다. 다행히 글을 읽는 시력은 있지만 아침 물안개 속을 헤매듯 뿌연 시야 속에 하루를 살아갑니다. 부디 독자님의 업에 하나라도 도움이 되기를 바라며 더 늦기 전에 전혼을 쏟아 엮었습니다.

정성을 들인 음식은 혀가 반드시 알아채듯 정성을 들인 글은 가슴이 반드시 알아챕니다. 노동자는 힘을 쓰고, 기술자는 머리를 쓰고, 장인은 마음을 쏟습니다. 온 마음을 쏟아 만들었습니다.

가족들과 지현, 건우, 병구에게 한없는 아가페를 전하며

소통하는 작가, 장문정.

2부 상품의 얼굴을 만드는 시그니처 언어

3부 벌금을 부르는 판매 언어

쓱 봐도 척 잡히는
직관 언어

1장

당장 돈 되는
상품 언어에
주목하라

" 상품 언어는 상품의 얼굴이다 "

보통 택배가 오면 박스와 포장지는 버리고 내용물에 집중합니다. 그렇지만 저는 반대로 내용물보다 상품 포장지에 더 관심을 둡니다. 상품 언어를 만드는 것이 직업이기 때문입니다. 그래서 상품 포장지가 방 하나 가득 차 있습니다. 저는 상품에 입을 달아주는 일을 합니다. 상품이 말하고 싶어 하는 모든 세일즈 언어를 만듭니다.

상품 언어란 기본적으로 상품에 관련된 표시, 도안, 문구를 뜻합니다. 구체적으로 말하면 설명 문구, 홍보 문구, 광고 문구, 상품 포장 문구, 라벨지 문구, 스티커 문구, 온라인이면 상세 페이지 문구, 오프라인이면 POP 문구, 브로슈어 문구, 리플릿 문구, 팸플릿 문구, 타퍼 문구, 배너 문구, 현수막 문구, 간판 문구가 있습니다. 이뿐 아니라 광고, 홍보 영상, 홈쇼핑 영상, 구체적인 정보를 제공하는 인포머셜 영상 속 멘트와 자막 문구까지 포함됩니다. 아울러 텍스트는 물론 삽화, 도안, 이미지도 포함됩니다.

이러한 판매 지향적 '세일즈 글'을 '상품 언어'라 부릅니다. 상품이 아무리 대단한 기능과 특성을 담고 있다 해도 써보지 않은 소비자가 뭘 보고 판단하겠습니까? 바로 상품 언어를 보고 그 상품을 이해하고 받아들입니다. 상품 언어에 따라 그 상품의 얼굴이 달라집니다. 그런 만큼 상품 언어는 곧 상품의 얼굴입니다.

" 소비자는 듣지 않고 본다 "

AC(After Corona, 코로나 이후) 시대 소비자 특징은 언어를 듣지 않고 '본다'는 겁니다. 더 이상 말로 설득되지 않는 시대입니다. 귀는 세상 소음에 지쳤습니다. 들리긴 하지만 마음을 뚫고 들어오는 소리는 별로 없습니다. 더욱이 코로나19 팬데믹 이후 사람들은 판매자가 접근하는 것 자체를 싫어합니다. 그 때문에 곁에 바짝 다가가 말로 설득하기가 힘들어졌습니다.

최근 한 브랜드 매장의 고객 응대 효과 측정을 6년 만에 다시 맡은 후 격세지감을 느꼈습니다. 매장 고객의 동선과 반응을 분석하는 작업이었는데, 6년 전 조사했을 때와 달라진 것이 있었습니다. 과거 매장에 들어온 고객은 판매원이 다가가면 옆에 있는 것을 부담스러워하며 슬슬 자리를 피했습니다. 하지만 근래에 측정할 때는 달랐습니다. 따라다니는 점원을 피해 다니기만 하는 것이 아니라 "그만 쫓아다니세요" "필요하면 부를게요" "나도 보는 눈이 있어요"라 말하고, 심지어 "내가 물건 훔쳐 갈까 봐 그래요?"라며 적극적으로 반발심을 피력하는 경향이 강해졌습니다. 판매자의 도움을 잠재적 범죄자 취급으로 받아들인다면 말 다했죠. 판매라는 목적을 지닌 사람이 다가와 하는 말을 듣고 싶지 않은 겁니다. 그래서 요즘은 오히려 무응대가 최상의 응대가 되고 있습니다.

패션 브랜드 '원더플레이스(Wonderplace)'에 마케팅 강의와 코칭을 해주었습니다. 편집숍이기에 한 매장에 20~30명이나 되는 판매 직원이 있지만, 고객이 묻기 전에는 먼저 다가가지 않습니다. 쳐다보지도 않습니다. 그럼에도 매출은 잘 나옵니다.

요즘 소비자는 말로 듣고 구매하기보다 눈으로 읽고 삽니다. 즉 언어를 듣지 않고 언어를 봅니다. 오히려 정보 불안증의 강박으로 더욱 자발적으로 찾아봅니다. 그래서 이제는 '세일즈 말'이 아니라 '세일즈 글'로 승부를 봐야 합니다.

"고객은 말이 아니라 글에 끌립니다."

판매자가 상품을 권유하면 일단 거절합니다(=듣지 않습니다). 그리고 집에 가서 밤에 인터넷으로 그 상품을 비교 검색하며 자발적으로 찾아봅니다(=읽습니다). 신기하지요. 고객과 상담할 때 아무리 말을 잘해도 "안내장(또는 상품 소개장) 주시면 읽어보고 연락드릴게요"라고 면전에선 듣지 않고 뒤에서 스스로 읽으며 판단합니다.

이제는 **"듣고 결정할게요"**라고 하지 않습니다.

세일즈 글을 "보고 결정할게요"라고 합니다.

홈쇼핑 근무 당시 늘 궁금한 것이 있었습니다. '쇼호스트 멘트 없이 음악과 자막만으로 상품을 노출하면 과연 매출이 나올까?' 하는 것이었습니다. 이제는 쇼호스트가 구구절절 설명하지 않고 오로지 상품 언어만 제시해도 매출이 충분히 나오리라고 확신할 수 있습니다. 미국 홈쇼핑 채널 QVC에서 최근 실험적 방송을 했는데, 상품을 노출하면서 멘트 없이 오직 자막과 BGM만으로도 의미 있는 매출을 올렸습니다. 후배 쇼호스트와 지망생이 이 책을 읽고 있다면 미래 직업관을 재고해보십시오.

연구가들은 뇌가 외부 자극에 반응해 적절한 단어를 찾아 입으로 표현하기까지 단 0.6초 걸린다고 합니다. 말은 이처럼 순식간에 튀어나옵니다. 그러다 보니 오류와 실수가 잦고 논리를 세우는 것이 쉽지 않습니다.

이에 반해 **글은 신중히 담습니다.** 생각을 통과해 나오는 정련된 표현을 쓰려면 글이 답입니다. 지루하고 긴 사랑 고백보다 한 장의 손편지가 강한 힘을 발휘할 수 있습니다. 말이 아닌 글로 전하면 표현을 더 주의 깊게 선택해 정갈하고 효과적으로 마음을 전달할 수 있으니까요.

글에는 권위도 담깁니다. 건물에 진입하다 경비원이 말로 "진입하면 안 됩니다"라고 막으면 우겨볼 수 있지만, '진입 금지'라는 차단기 문구에는 순순히 따릅니다. 학교에선 선생님 코앞에서 조는 사람들이 온라인 학습이나 이러닝 교육 플랫폼 강의는 자발적으로 찾아 듣습니다. 선생님에게는 반항하고, 인강에는 복종하는 것입니다.

글에는 물성도 담깁니다. 말은 수증기처럼 눈에 보이지 않고 휘발성이 강해 뇌에 맺히는 것이 적지만 글은 자구(字句)상 눈으로 보이며 명확한 흔적이 남기에 존재감이 더 큽니다. 그러니 셀러라면 이제는 듣는 말보다 보는 글에 집중하십시오.

" 소심이 셀러에게 "
상품 언어가 대신 일하게 하라

상품 언어는 대면 영업(f2f 영업)을 두려워하는 사람에게 매우 큰 강점으로 작용합니다. 요즘은 사람들이 육지에서 떨어진 섬처럼 자신만의 독립된 삶의 영역을 이루고 그 경계를 침범당하는 걸 싫어해 다가가기가 더욱 어려워졌습니다. 콜 포비아(Call Phobia, 전화공포증)를 아십니까? 전화가 걸려오면 받기 두려워하는 현상입니다.

과거에는 전화 요금이 아까워 통화를 더 하고 싶어도 아껴서 했지만, 이제는 통화뿐 아니라 영상통화도 비용 걱정 없이 무제한 할 수 있는 시대인데도 오히려 통화를 꺼리는 시대가 되었습니다. 더욱이 세대가 어려질수록 문자와 이모티콘으로 소통하는 경향이 강해집니다. 사랑하는 사람에게 고백하고 싶어도 만남보다 문자나 카톡으로 승부를 보려 합니다. 이별조차 문자로 통보하지요.

트렌드모니터의 조사에 따르면 평소 연락을 주고받을 때 음성 통화보다 모바일 메신저를 훨씬 많이 이용한다고 합니다.[1] 그 조사에서는 음성 통화가 부담스러워 전화를 피한 경험이 65%가 넘고 음성 통화보다 모바일 메신저로 이야기하는 것이 편하다는 응답이 60%에 달했습니다.

배달 주문 전화도 걸기 두려워 배달 앱으로만 주문하는 사람이 급증했습니다. 과거에는 반드시 얼굴을 보고 진행해야 했던 계약서 작성도 전자 계약으로 대신합니다. 덕분에 불편한 침묵 속에서 서로 마주 앉아 계약서 접어가며 간인(間印)하는 일은 사라져갑니다.

사람을 말로 대면하는 데 어려움을 느끼는 이들이 늘고 있음을 보여주는 일화가 있습니다. 한여름 카페에 갔는데, 옆자리에 앉은 두 젊은 여성의 대화가 자세히 들렸습니다.

"너무 추운데 에어컨 꺼달라고 할까?"

그런데 이 소심한 여성들이 종업원에게 에어컨 좀 꺼달라는 그 쉬운 말을 못하는 겁니다. "누가 얘기할래?" "가위바위보로 정하자" 등등 꽤 길게 회의를 하더군요.

그러고 나서 그들이 선택한 방법이 놀라웠습니다. 시스템 에어컨

---

1 트렌드모니터 2018년 7월 19~59세 성인 1,000명 대상 설문 조사 결과, 주된 연락 방법: 음성 통화(38.1%) < 모바일 메신저(44.9%)

을 폰으로 찍어서 확대해 브랜드와 모델 번호를 파악한 뒤 해당 앱을 깔더니 리모컨 앱으로 에어컨을 꺼버리는 겁니다!

장미를 멀찍이서 바라볼 때는 아름다운 꽃잎만 보이지만, 만지려 할 때는 가시에 집중하게 됩니다. 고객을 직접 대면하는 것이 어려운 이유가 이 때문입니다. 멀리서 온라인으로 상대할 때는 문제가 없었는데, 숨소리까지 들리는 거리에서 고객에게 직접 다가가려 하니 고객의 가시가 내게 상처를 주지 않을까 걱정하게 됩니다.

의외로 소심한 이들의 비율은 상당히 높습니다. 3개 기업 400여 명의 판매·영업직 사원을 대상으로 설문 조사를 했는데, 사람 대하는 것이 직업임에도 85% 이상은 여전히 사람 만나는 것이 두렵다고 답변했습니다.[2]

게다가 사람 만나는 건 피곤한 일입니다. 사람 상대하는 일이 제일 힘들다고 입을 모으죠. 세일즈 글의 강점은 이러한 감정 소비가 필요 없고, 나아가 소비자가 자신이 편한 시간과 필요한 상황에서 적극적으로 탐색하게 만든다는 것입니다. 또 세일즈 말은 한정된 활동 시간(working hour)에 제한된 사람에게만 에너지를 쏟아야 한다는 한계가 있지만, 세일즈 글은 동시에 수천, 수만 명에게 전파할 수

---

2 'L그룹의 3개 자회사 대상, 판매자의 다면 심리 상태 분석 보고서', 엠제이소비자연구소, 2021. 5. 22.

1부 쓱 봐도 척 잡히는 직관 언어

있기에 효율이 매우 높습니다.

365일 24시간 쉬지 않고 일하는 데다 월급을 안 줘도 되고 투정 부리지 않고 묵묵히 세일즈를 하는 직원이 있습니다. 바로 상품 언어입니다. 물론 이 책에는 현장에서 부딪히는 설득 화법에 대한 예시도 있습니다. 그러나 화술보다 1초 만에 소비자의 눈길을 사로잡는 상품 문구의 기법과 사례를 기조로 삼았음을 밝힙니다.

상품을 살 때는 결국 언어를 봅니다. 그러므로 세일즈 글이 답입니다. 당신의 언어가 미래를 말해주고, 당신의 상품 언어가 매출을 말해줍니다.

말로 애쓰지 말고 1초 문구가 세일즈하게 하십시오.

돈 안 드는 마케팅?
그것은 상품 언어!

부산 동서대학교를 방문해 대학원생뿐 아니라 교수님, 총장님까지 참석한 자리에서 강의를 할 때 서두에 이런 질문을 던졌습니다.

"마케팅의 학문적 정의가 아닌 현실적 정의는 뭐라고 생각하십니까?"

학자들이어서 그런지 선뜻 대답이 나오지 않더군요. 그래서 제가 대신 대답했습니다.

"마케팅이란 돈입니다."

이는 누구도 부정하지 못합니다. 상품 디자인 시안, 사진 작업, 영상 작업 등 뭐든 돈입니다. 예쁜 디자인을 만들려면 디자이너에게, 멋진 상품 사진을 찍으려면 사진작가에게, 멋진 영상을 만들려면 외주 제작사에 비용을 지불해야 합니다.

우리 회사가 의뢰한 기업에 제공하는 마케팅 자문은 문제점을 파악해 더 나은 솔루션을 제공하는 것인데, 그 솔루션을 실천하려면 당연히 돈이 듭니다. 그런데 저를 찾아오는 소상공인들의 질문은 비슷합니다.

"비용을 들이지 않고 매출 올리는 방법은 뭔가요?"

이런 야무진 꿈을 이룰 수 있을까요? 기업의 마케팅 사례를 보면 비용을 지불하지 않고 뭔가를 얻은 경우는 별로 없습니다. 방법이 있긴 합니다. 몸으로 때우는 겁니다. 안규호 작가가 쓴 《멘트가 죄다》라는 책의 추천사를 쓴 적이 있습니다. 원고를 받아 읽어보니 과거 요식업을 했는데, 말 그대로 저렴한 메뉴를 팔면서 비용을 절감하기 위해 잠도 거의 못 자고 몸으로 때우다 결국 오래가지 못하고 접었다는 내용이었습니다.

마케팅의 원칙 중 하나는 '지속 가능성'입니다. 사업을 계속 유지하는 것이 중요합니다. 주말 단기 알바를 투입하고 일회성 이벤트와 한시적 프로모션을 해봐야 사업을 장기적으로 지속해나갈 수 없습니다. 돈과 체력을 교환하는 일은 오래가기 어렵습니다.

물방울이 모이면 바위를 뚫죠? 스트레스가 모이면 멘탈을 뚫습니다. 그러면 과연 이 세상에 돈 들지 않는 마케팅이 있을까요? 있습니다!

언어는 돈이 들지 않습니다. 언어적 마케팅이야말로 돈 쓰지 않고 돈

버는 경제 효율상 정점(cream of the crop)의 기술입니다.

예를 들어보겠습니다. 하남에 새로 들어선 정형외과 병원 원장을 만났습니다. 이 병원 홍보이사이자 성우계의 거장인 선배님의 소개로 마케팅 조언을 해달라고 해서 마련된 자리였습니다. 최근 서울 양재동에서 경기도로 병원을 옮겼는데, 이것 자체가 큰 리스크였습니다. 환자들의 심리는 서울로 향하지 지방으로 향하지 않습니다. 이사한 이유를 물으니 원장님은 환자들의 재활을 위해 더 넓고 쾌적한 공간을 확보하기 위해서라고 대답했습니다. 비즈니스보다 철저히 환자 치료에만 관심이 있었습니다.

현재 방문 환자 수와 수익 창출 목표 환자 수를 물으니 하루에 50명의 환자가 방문하는데, 원하는 수익 모델을 달성하기 위해서는 4배 더 많은 200명이 와야 한다고 했습니다. 이런 경우 마케팅을 어떻게 해야 할까요?

수익을 높이기 위해 고민할 때 많은 경우 쉬운 유혹에 빠집니다. 보편적 선택은 에스테틱이나 비만 클리닉을 함께 운영하는 것입니다. 그러려면 인테리어와 의료 기기를 추가로 들여야 하고 상담실장 등 직원도 더 뽑아야 합니다. 또 마케팅 대행사를 고용해 홍보도 해야 합니다. 이렇게 많은 비용을 들이고도 그 많은 성형외과, 피부과와 피 말리는 치열한 경쟁을 해야 합니다. 상담실장은 열심히 설득하지만 고객은 쉽게 지갑을 열지 않습니다. 그러다 보니 투자한 비용만큼 돈을 못 버는 일이 많습니다.

이제 마케팅 비용은 100원도 안 들이고 단지 언어로만 매출을 올려보죠. 환자 1인당 진료비, 물리치료비로 1만 원을 지불한다고 가정합시다. 그러면 기존 환자들에게 20만 원짜리 '마이어스 칵테일 주사'를 추가로 권하는 겁니다. 다만 고객에게는 그 이름을 곧이곧대로 말하지 않습니다. 애칭의 기술(이 책 2부 1장 '애칭을 달면 날개가 생긴다' 편에서 방법과 사례를 소개하겠습니다)을 쓰는 겁니다.

젊은 여성에게는 피부가 매끄러워지고 윤기가 흐르는 '**물광 주사**'라고 말합니다. 중년 여성에게는 몸의 독소와 통증을 풀어주는 '**비타민 주사**'라고 말합니다. 젊은 남성에게는 면역력을 높이고 기력을 회복시키는 '**마늘 주사**'라고 말합니다. 중년 남성에게는 몸의 피로를 풀어주고 정력을 보강해주는 '**간 해독 주사**'라고 말합니다.

그리고 그들에게 미용상의 이유로 지불한 병원비는 의료실비보험으로 돌려받지 못하지만, 이 주사비는 돌려받을 수 있으니 공짜로 미용 주사를 맞는 것이나 마찬가지라고 자신 있게 말합니다. 이를 마다할 사람은 없습니다. 수납을 하고 나갈 때 보험사에 제출할 진료비 상세 내역서에 이렇게 적어주면 됩니다.

'만성 통증 및 급성 통증 치료를 위한 고단위 마그네슘 주사.'

이렇게 하면 의료실비보험을 통해 일부 공제금만 제하고 환급받을 수 있습니다. 이러면 병원은 1만 원 결제하는 환자를 20만 원(20배)

결제하는 환자로 둔갑시킬 수 있으니 단순 계산으로 하루 50만 원 매출을 1,000만 원(20배)으로 바꿀 수 있습니다. 굳이 환자 수를 늘리기 위한 광고와 마케팅 비용을 따로 들이지 않아도 됩니다.

또 환자는 미용 주사를 무료로 맞는다는 생각에 한 번 가고 말 것을 열심히 다니게 되므로 단골도 확보하게 됩니다. 마케팅에 돈 들었나요? 100원도 들지 않았습니다. 돈 들지 않는 마케팅은 언어입니다(물론 이런 방법을 추천하는 것은 아니며 언어적 마케팅의 중요성을 강조하기 위한 단적인 예일 뿐입니다).

" 언어만 바꿔도 당장 돈을 번다 "

근래에 제가 마케팅 코칭을 해서 매출을 즉시 올린 사례를 보여드립니다. 단지 상품 언어만 바꿨을 뿐인데도 어떻게 바로 매출이 폭발했는지 보시죠.

언어는 '가격 저항력'을 극복합니다. 어느 분식 프랜차이즈의 메뉴 중 김치찌개가 있었습니다. 가격은 9,000원이었습니다. 그런데 판매가 신통치 않았습니다. 조금 비싸죠? 흔한 메뉴인 만큼 가격 저항력이 생기는 겁니다. 대표는 등급 높은 국내산 돼지고기를 쓰기 때문에 가격을 낮추고 싶지는 않다고 했습니다. 그래서 저는 메뉴 네이밍을 이렇게 바꿔 간단히 매출을 올렸습니다.

김치찌개 9,000원

↓

돼지김치전골 1인분 9,000원**(1인분 주문 가능, 공깃밥 제공)**

김치찌개를 돼지김치전골로 바꾸고, 사실 다음 문구가 제일 중요한 건데요. '1인분도 주문 가능'하며 전골은 의례 공깃밥이 추가인데, '공깃밥 무료 제공'이라고 표기하니 당장 매출이 오르는 걸 눈으로 봤습니다.

언어는 '시즌 저항력'을 극복합니다. 또 다른 프랜차이즈 메뉴 중에는 9,000원짜리 팥죽이 있었습니다. 시즌 메뉴다 보니 겨울이나 동짓날 아니고서는 지속적으로 매출을 올리지는 못했습니다. 마케팅의 핵심은 지속 가능성이므로 매출이 사계절 내내 지속되어야 하고 시즌성이 떨어질 때도 매출을 어느 정도 유지해야 합니다. 이러한 점을 고려해 다음과 같이 바꾸어 드렸습니다.

팥죽 9,000원

↓

강원도 팥옹심이 9,000원

이렇게 하니 봄가을뿐 아니라 여름에도 이 메뉴의 매출이 많이 떨어지지 않았습니다.

언어는 '품질 저항력'을 극복합니다. 커피 전문점 프랜차이즈가 있습니다. 저가 커피 시장을 공략하는 브랜드라 메뉴판에 '아메리카노 1,900원'이라고 써놓았습니다. 싸니까 많이 팔릴까요? 그렇지 않습니다. 너무 저렴하면 소비자는 오히려 품질 저항력을 느껴 선뜻 구매하지 않습니다. 이렇게 바꾸어 드리니 당장 매출이 오르더군요.

아메리카노 1,900원

↓

투샷 아메리카노 1,900원

언어는 '구매 저항력'을 극복합니다. 푸드트럭을 여러 대 운영해 매운 곱창을 주로 판매하는 김도영 독자님이 저를 찾아오셨습니다. 푸드트럭 존은 유동 인구가 빠르게 움직이고 분위기를 들뜨게 하는 지역 축제나 행사장인 경우가 많습니다. 당연히 메뉴판 문구도 감각적이어야 합니다. 무겁고 딱딱하면 안 됩니다. 그 점을 감안해 메뉴판을 다음과 같이 바꾸라고 했더니 정말 매출이 올랐습니다.

순한 맛　　　→ **아기맛**

매운맛 1단계 → **쓰읍맛**

매운맛 2단계 → **쓰으읍맛**

매운맛 3단계 → **쓰으으읍맛**

최고 매운맛　→ **으악맛**

늘 보던 문구에서 감각적 문구로 바꾸니 많은 이들이 "저 맛에 도전해보자"며 주문을 더 하더라는 겁니다. 덕분에 없던 대기 줄까지 생겼다고 했습니다.

언어는 '마케팅 비용 저항력'을 상쇄합니다. 고객사 이벤트를 진행하면서 '경품'이라고 하지 않고 '사은품 추첨식'이라고 하니 응모하는 사람 수가 이전보다 2배 이상 훌쩍 늘어났습니다. 온라인 광고비나 추가 마케팅 비용 없이 단지 언어만 바꿨을 뿐인데 말입니다.

경품 → **사은품 추첨식**

언어는 '타깃 적중도'를 높입니다. 롯데제과가 과자 이름만 바꿔 출시한 지 단 2개월 만에 100만 봉지 판매한 적이 있습니다. 롯데제과는 2020년 여름에 꼬깔콘 네이밍을 바꾸었는데, 한 해 전 여름에 사람들이 맥주 안주로 검색한 것이 무엇인지 알아보기 위해 빅데이터 텍스트 분석을 했더니 '버팔로윙'을 많이 검색했다는 결과가 나왔습니다. 이에 따라 '꼬깔콘 버팔로윙맛'이라는 이름으로 출시해 단숨에 대박이 났습니다.

꼬깔콘 → 꼬깔콘 **버팔로윙맛**

이처럼 언어만 살짝 바꿔도 큰 노력 없이 쉽게 돈을 벌 수 있습니다. 언어는 설득하는 힘을 지녔습니다. 음악이나 디자인과 달리 언어는 그 언어만이 가진 고유의 특별한 설득력이 있기에 인적 노동력보다 언어 자체가 일하게 하는 것이 효과적입니다.

"상품 언어만 배워둬도 평생 굶어 죽진 않는다"

상품 언어 전문가인 저는 기업이 출시하는 상품에 문구를 만들어 주는 일을 합니다. 그런데 요즘 들어 이 업만으로도 평생 먹고살 수 있겠구나, 늘 실감합니다. 자신의 상품이 멋져 보이기를 바라는 욕구는 기업이나 개인이나 예외 없이 너무나 강렬하기 때문입니다. 특히 유통보다 제조 분야에서 이 욕구는 더욱 강하게 나타납니다. 상품을 개발해 출시하면 마치 자식을 낳은 듯한 기분이 듭니다. 그런 만큼 매우 큰 애착을 느끼고 극적으로 어필하고 싶어 하는데, 정작 문구를 어떻게 만들어야 할지 어려워합니다. 그래서 제 업은 늘 호황입니다.

프로그램을 배운 적 없는 사람이 프로그램을 짤 수 없고 바이올린을 배운 적 없는 사람이 연주를 할 수 없듯 상품 문구 작업도 배우지 않았다면 하지 못합니다. 상품 언어는 카피라이팅과 다릅니다. 카피는 상품 언어 교육을 받지 않는 프리랜스 카피라이터, 유튜버, 작가, 글솜씨에 자신 있는 일반인 누구나 쓸 수 있습니다. 그렇지만 상품 언어는 철저히 전문가의 영역입니다. 경험과 교육 없이 능력을 발휘할 수 있는 영역이 아닙니다. 상품 언어 전문가는 오랫동안 기업에서 상품 컨설팅을 한 경험이 있어야 하고, 소비자 최신 트렌드 통찰력은 기본이며 무엇보다도 특히 '광고 심의 법규'에도 능통해야 합니다.

이를 증명하는 예를 들어보겠습니다. 식품 기업 풀무원에 자문과 강의를 한 적이 있습니다. 신제품 이름이 '생면식감'으로 정해졌는데 사전 소비자 조사에 따르면 '생면'이 주는 연상 이미지는 '냉장면 같은, 수분이 있는, 건강한, 오동통한, 신선한, 쫄깃한, 인스턴트가 아닌, 튀기지 않은, 탱탱한, 담백한, 가격이 비싼'이었습니다. 따라서 제품 네이밍에 생면이란 단어를 넣으면 가격을 높여도 가격 저항력이 덜하고 구매도 촉진됩니다. 하지만 막상 포장지를 뜯어보면 야들야들 촉촉한 생우동 같은 면이 아니라 라면 같은 빳빳하고 건조한 면입니다.

상품 네이밍은 매우 엄격한 광고법의 적용을 받습니다. 그러면 생면식감이라는 명칭은 광고 심의 법규 규정에 위반되지 않을까요? 괜찮습니다.

책을 읽는 것을 멈추고 잠시 생각해보세요. **왜 그럴까요?**

광고 심의를 모르는 사람이라면 '생면'이 아니라 생면 '식감'이라고 표현했기 때문에 괜찮을 거라고 답했을 겁니다. 이래서 '광고 카피'가 아닌 **상품 언어**를 배워야 하는 겁니다.

식약처(식품의약품안전처) 식품공전에 따르면 생면의 정의는 다음과 같기 때문에 괜찮습니다.

면류	정의[3]
생면	'곡분 또는 전분을 주원료로 하여, 성형한 후 바로 포장한 것이나 표면만 건조시킨 것'을 말함
숙면	곡분 또는 전분을 주원료로 하여, 성형한 후 바로 익힌 것 또는 면발의 성형 과정 중 익힌 것을 말함
건면	생면 또는 숙면을 건조시킨 것으로 수분 15% 이하의 것을 말함
유탕면	생면, 숙면, 건면을 유탕 처리한 것을 말함

재밌죠? 소비자는 촉촉하게 젖은 면을 생면이라고 생각하지만 상품 언어에서는 튀기지만 않으면 바짝 마른 면도 생면이라고 법규상 인정받습니다. 따라서 제품 이름을 '생면'이라고 해도 법적으로 아무 문제가 없습니다. 거기에 소비자가 배신감을 느낄 것을 고려해 생면이라 하지 않고 생면식감이라고 했으니 더욱 심의에서 안전해집니다.

---

3   식품공전 식품의약품안전처, 2021년 고시 기준.

이처럼 상품 마케팅을 위해서는 상품과 관련된 여러 법과 지식, 동종 상품의 현황까지 통달해야 합니다. 이 책은 지금 업계에서 한창 잘나가는 상품 언어 전문가의 모든 노하우를 쏟아 만든 콘텐츠입니다. 그동안 몰랐던 유니크한 상품 마케팅의 신세계를 경험하실 겁니다.

" 상품 언어는 한 줄에 20억! "

저는 상품의 언어 점검과 언어 개발(언어 생산)을 담당합니다. 기업이 만든 상품에 입을 달아주는 작업이죠. 즉 상품이 말하고 싶은 언어를 만듭니다. 제품명, 제품 포장 문구, 광고 홍보 문구, 마케팅 제작물, 제품 설명서까지 어디든 언어가 포함됩니다. 언어가 없는 상품은 없습니다. 아무리 멋진 상품을 만들어도 그 상품에 언어를 달지 않으면 팔기 어렵습니다. 소비자는 언어를 통해 그 상품을 비로소 이해합니다.

언어에 값을 매긴다면 얼마일까요?

이건 저에겐 매우 민감한 문제입니다. 기업은 저에게 상품 언어를 지어주는 비용을 물어보니까요. 그런데 한 가지 재미난 것은 언어는 싸게 여기고 영상물은 비싸게 여긴다는 점입니다.

성인 대상 중국어 학습 브랜드의 컨설팅을 맡은 적이 있습니다. 저에게 의뢰하기 전, 국내 1위 광고대행사에 맡겨 홈쇼핑 방송 구성 예시, 스크립트 구성 예시, 피켓 카피 예시(이것만 봐도 홈쇼핑을 하나도 모르는 이가 만든 겁니다. 홈쇼핑에선 핸들링 판넬, 손 판넬, 판넬 보드라고 하지 피켓이란 말은 쓰지 않습니다)가 들어 있는 마케팅 보고서를 받았는데, 큼지막한 키워드 문구까지 포함해서 A4용지 21장이었습니다. 꽤 비싼 비용을 지불했지만 마음에 들지 않아 우리 회사에 의뢰한 것입니다.

마치 요리를 한 번도 안 해본 사람에게 음식을 주문한 것처럼 쇼호스트, PD, MD가 아닌 홈쇼핑 방송을 단 한 번도 해보지 않은 광고업자에게 맡겼으니 당연한 겁니다.

"같은 비용으로 고객에게 보여주는 세일즈 영상 한 편까지 덤으로 제작해드릴 수 있습니다. 영상에 멘트와 자막으로 모든 세일즈 언어가 들어가니까 상품 언어 콘텐츠에 더해 영상까지 거저 얻는 겁니다."

이러면 대부분 고객사는 매우 좋아합니다. 그 영상을 홈페이지, SNS, 매장 TV에 노출하면 되고 그 영상 속 언어를 판매 문구로 사용하면 되니까요.

왜 이리 쉽게 설득당할까요? 기업은 언어를 얻었다는 것보다 비싼 영상 한 편을 얻는다는 데 기뻐하기 때문입니다. 하지만 영상 제작은 한나절도 안 걸리지만 언어, 즉 문구를 생산해내는 데는 다른 상품과 동시 작업하는 걸 감안하더라도 몇 날, 며칠, 몇 주가 걸릴 수도 있습니다. 기회비용으로 따지면 언어가 공력과 시간이 훨씬 많이 들어가기에 더 비싸야 합니다.

하지만 기업들은 그걸 쉽게 간과합니다. 영상에 그래픽과 CG 등 화려한 기술이 들어가야 돈을 제대로 썼구나, 생각합니다. 하지만 영상이 화려하다고 고객이 그 상품을 살 것 같나요? 멋져 보여 마음에 드는 것과 실제 지갑을 열고 사는 행위는 별개입니다. 지갑을 열게 하는 것은 상품 언어입니다.

'한 줄에 20억.'

무슨 말일까요? 카카오톡 대화 목록 중간에 삽입하는 광고창(비즈모드) 문구의 광고비를 말합니다. 단 한 줄이지만 가격은 최대 20억이나 합니다. **상품 언어는 돈입니다.** 더구나 상품 언어 생산은 물리적 시간이라는 기회비용 상실 외에는 음식점이나 제조업처럼 재료비나 생산 원가(cost price)가 들지 않아 영업이익이 극대화되는 고부가가치 산업입니다.

물맛보다 포장맛

상품의 속성보다 상품 언어가 상품의 가치를 결정짓기도 합니다. 예를 들어보죠. 소비자는 물맛이라 하지만 우리 같은 마케팅업자는 포장지맛이라고 표현합니다. 생수 시장 규모가 2023년에 2조 원을 돌파할 예정입니다. 그러다 보니 물맛에 대해 일가견이 있다는 이들이 많습니다. 생수 라벨을 떼고 물맛만 보고도 어느 브랜드 제품인지 기가 막히게 맞힌다고 자부합니다.

어디 가서 물맛 잘 안다는 소리 함부로 하지 마십시오. 상품 언어 전문가 입장에서 그런 말을 들으면 민망해집니다.

믿기 힘든 놀라운 진실은 같은 수원지에서 퍼 올려 여러 브랜드로 포장지 라벨만 다르게 팔려나가기 때문입니다.

우리가 먹는 생수는 암반 지하수, 용천수, 염 지하수, 해양 심층수로 나뉩니다. 국내에 생수를 퍼 올리는 수원지는 총 56곳입니다.[4] 그런데 놀랍게도 생수 브랜드는 200개(225개)가 훌쩍 넘습니다. 즉 하나의 수원지에 4개 이상의 브랜드가 호스를 꽂고 있다는 겁니다. 충북 청주시의 한 수원지에서는 11개 브랜드가 물을 뽑아내고, 경기도 양주의 한 수원지에서는 무려 14개 생수 브랜드가 물을 뽑아내고 있습니다.[5] 더 놀라운 건 같은 수원지인데도 라벨이 달라지니 가격이 다르게 매겨진다는 점입니다.

조사해보니 경기 연천군 백학면의 수원지에서 뽑아낸 물이 '바른샘물'로 홈플러스에서 410원에, 'DMZ맑은샘물'로 690원에 판매되었습니다(첫 출시 기준, 2리터). DMZ를 넣으니 당장 70년간 인간의 손길이 닿지 않은 원시의 물이 되어 더 비싸게 팔 수 있는 겁니다. 또 전북 완주군의 동일 수원지에서 뽑아낸 물인데 2L 기준으로 하나는 '하나로샘물'이란 이름으로 하나로마트(남서울농협)에서 358원에 판매되는 데 반해, 다른 하나는 '천연수'라는 브랜드로 홈플러스(합정점, 가양점)에서 760원에 판매되고 있습니다.[6] 같은 물인데 라벨만 달라지니 가격이 2배나 차이 납니다.

브랜드와 상품 언어만 달라졌을 뿐인데 가격이 천차만별로 차이

---

4   한국샘물협회, 2021. 7 기준.
5   '이럴 水가… 같은 수원지인데 생수값 천차만별', 한국경제, 2021. 7. 11.
6   한국샘물협회, 2021. 7 기준.

가 납니다. 물맛의 가치를 포장지의 현란한 상품 언어가 결정하는 것입니다. 결국 제품의 가장 중요한 고유 속성이 아니라 소비자를 유혹하는 현란한 상품 언어가 가격을 결정할 수 있음을 증명합니다. 그래서 많은 기업이 연구와 공장 설비에 투자를 하고 기능적 차별화를 꾀하기보다 저 같은 마케팅업자에게 외주를 맡겨서 마음을 끄는 상품 언어 개발에 의존하는 겁니다.

" 상품 언어가 뜬다 "

뭔가를 배워 돈을 벌기는 어려운 세상입니다. 새로운 재능을 익혀 사업화하기도 어렵습니다. 음악이나 미술로 돈을 벌기도 어렵습니다. 자격증이 소득으로 이어지는 경우도 드뭅니다. 반면 언어로 돈을 버는 건 매우 쉽습니다.

특히 코로나19 팬데믹을 기점으로 많은 기업이 상품 언어의 중요성을 깨닫기 시작했습니다. 근래에 대기업 위주로 판매자 중심인 데다 이해하기 어려운 상품 언어를 소비자에게 쉽고 빠르게 어필하기 위해 설득언어 팀, 고객언어혁신 팀, 소비자언어개발 팀을 신설하는 변화가 일어나고 있습니다. 저 역시 그런 부서들과 협업해 소비자 중심 언어 개발을 맡고 있습니다.

제가 자문하는 엘지유플러스 고객언어혁신 팀의 구성원은 기술

팀과 상관없이 그 기술력을 고객 언어로 표현하는 것을 연구합니다. 이는 제품의 기술력 못지않게 언어가 중요하다는 것을 보여줍니다.

화장품 매장을 떠올려봅시다. 비싼 돈을 들여 멋진 조명, 소품, 인테리어를 하고 비싼 향수도 여기저기 뿌려 고객을 기분 좋게 하면 손님이 매장 안으로 들어오겠죠. 하지만 구경만 하다 나가는 것이 아니라 정말 지갑을 열게 하는 건 그 화장품을 소개하는 상품 문구입니다. 판매원을 언제 봤다고 신뢰하겠어요? "말이야 다 그렇지" 하며 반은 흘리고 반은 의심합니다. 하지만 상품 언어는 신뢰합니다. 결국 고객은 언어를 보고 나서야 돈을 씁니다. 최근 온라인에서 상품을 구매한 경험이 있는 소비자 500명을 대상으로 조사를 했습니다.[7]

"물건을 결정적으로 구매하게 만든 것은 무엇입니까?"
"무엇 때문에 상품을 구매하게 되었습니까?"

이 질문에 무려 93%가 상품 설명 문구 또는 온라인 상세 페이지 문구, 다시 말해 세일즈 글을 보고 샀다고 응답했습니다. 상품 디자인도 아니고 상품 비주얼도 아니고 연예인 모델도 아니라, 상품을 설명하는 글을 읽고 샀다는 겁니다.

---

7 온라인 구매 경험 소비자 500여 명 대상 조사, 엠제이소비자연구소, 2021. 5. 10.

비싼 비용이 든 디자인을 적용하고 화려하고 입체적인 삽화를 넣고 멋진 사진을 넣어봐야 다 소용없습니다. **고객은 결국 언어를 보고 삽니다.** 우리는 늘 효율과 생산성을 따집니다. 저비용 고효율로 상품 언어만 한 것이 없습니다.

상품 언어에 집중하시길 바랍니다.

2장

소비자의
친숙이를 찾아라

상품 판매의 가장 첫 단계는 뭘까요? '내 상품이 이렇게 좋은데 소비자에게 어떻게 다가가지?'라는 물음에서 출발합니다. **정답은 친숙하게 다가가는 것입니다.**

기업의 상품 자료를 바탕으로 고객을 혹하게 하는 언어를 찾는 작업을 하면서 저는 늘 '**친숙이**'를 조사합니다. 사람 이름이 아니라 낯설고 전문적인 용어가 가득한 자료집을 고객에게 친근한 언어로 바꾸다 보니 붙은 예명입니다.

저에게는 직업병이 있는데 평상시에도 뇌가 쉬지 못하고 어려운 용어가 들려오면 본능적으로 친숙이 언어를 찾는 겁니다.

예를 들어 서울 지하철 2호선 어느 역에 있든 전동차가 들어올 때 이런 소리가 들립니다.

"땡땡땡땡~ 지금 내선 순환 열차(또는 외선 순환 열차)가 들어오고 있습니다."

저는 이 소리가 거슬립니다. 이 말을 듣고 내선 방향, 외선 방향을 구별할 수 있나요? 원을 그리며 빙빙 돌기만 하는 2호선에 내선, 외선이 어디 있을까요? 하늘에서 내려다봤을 때 기차는 2개의 원을 그리며 도는데 안쪽 원으로 도는 기차는 내선 방향, 바깥쪽 원으로 돌면 외선 방향이란 말입니다. 대체 어떤 생각으로 이런 용어를 만들었을까요?

EBS에 출연하면서 이 점을 지적하고자 사전에 방송 작가와 시간을 들여 찾아봤지만, 놀랍게도 철도공사 직원들조차 누가 처음 만든 것인지 모르고 있었습니다. 더 놀라운 건 누구도 관심 없고 알아듣지도 못하는 이 용어를 1984년부터 37년간이나 아무 생각 없이 사용하고 있다는 겁니다. 이제는 시민들의 실질적으로 길 찾기에 도움이 되는 친숙한 말로 바꿔야 합니다.

따라서 다음과 같이 바꾸어야 합니다.

내선 방향 → **시계 방향**

외선 방향 → **반시계 방향**

당장 전동차 방향을 이해하는 데 도움이 될 겁니다. 이렇듯 상품 언어도 우리 일상에 친숙한 **친숙이**(sense of closeness) **문구**로 바꿔야 합니다.

언어의 이질감은 흔히 '업무 매몰 효과(work immersion effect)'에서 비롯됩니다. 오픈 주방에서 현란하게 칼질하는 셰프를 봤는데, 손님에겐 마냥 낯설고 신기하지만 수십 년 칼잡이에겐 그저 친숙하다 보니 남에게도 친숙할 것이라 착각합니다. 자신의 일에 장시간 매몰되다 보면 일반적인 타인의 수준을 가늠하지 못합니다.

예를 들어보죠. 삼성자산운용의 PB 10명의 PT를 코칭했는데, 이분들이 제 앞에서 꾸지람과 지적을 받아가며 수행한 프레젠테이션 주제는 다음과 같습니다.

삼성자산운용 PB들의 프레젠테이션 주제

- 삼성 EMP 리얼리턴 펀드 시리즈
- 연기금 투자 풀 교육 및 자문 서비스 소개
- KODEX 미국 나스닥 100선물
- 자국 투자 편향 요인 분석 및 적정 비율 고찰
- 우정사업본부를 위한 삼성 스마트 MMF 법인 제1호 제안
- MSCI 중국 A주 비중 확대 이슈
- 삼성 다이나믹 더블 프리미엄

- 국내 온라인 펀드 시장 현황 및 시사점
- 건설근로자공제회 위탁 운영사 선정을 위한 삼성자산운용 일반 채권형 (중기) 제안서
- 국내 온라인 펀드 시장 현황 및 시사점

주제가 친숙한가요? 이 잘나가는 분들의 멋진 PT를 녹화한 영상을 화장품 회사, 유아교육 회사 영업인들에게 보여준 뒤 설문 조사를 했습니다. 그분들은 대부분 금융 지식이 없는 전업주부였습니다. 많은 설문을 받아봤지만 누군지 몰라도 한 분이 설문지 비고란에 인상 깊은 명언 네 글자를 적어놨더군요.

'쏼라쏼라.'

한국말이 외국어처럼 들린다니 말 다했지요. 이처럼 친숙하지 않은 말은 대중에게 어필하지 못합니다.

다음은 우리 주변에서 흔히 보는 해묵은 문구를 친숙한 언어로 바꾼 겁니다.

촉수 엄금 → **손대지 마세요**

자동 제세동기 → **심장 충격기**(드디어 근래 들어 바뀌고 있습니다)

공사 중 우회 요망 → **꽉 막혀요, 화나게 막혀요, 딴 데로 도세요**

사고 다발 지역 → **딱 사고 나는 곳**

발 빠짐 주의 → **발 쑥 빠져요**

임시 시설물 설치로 하부 상해 위험 인지 바람 → **무릎 퍽 아파요**

전 좌석 안전띠 의무화 → **다 매야 가요**

관계자 외 출입 금지 → **손님 문 아니에요**

경로를 재요청 중입니다 → **길 틀렸어요**

'경로를 재요청 중입니다'라는 마지막 문구만 봐도 잘 이해되지 않습니다. 인공위성에 경로를 재요청하고 있든 말든 내비게이션이 하는 일이 운전자와 무슨 상관입니까? 운전자 중심 문구는 아닙니다. 길 틀렸다고 말하는 것이 운전자에겐 빠르고 직관적입니다.

변경된 문구가 격이 없다고 생각할지 모릅지만 그렇지 않습니다. 그 언어가 추구하는 목적이 뭔가 생각해봐야 합니다. 공공 언어의 목적은 안전을 유도하는 것이지 고급스러움이 아닙니다. 마찬가지로 세일즈 언어도 고급스러움이 아니라 판매를 목적으로 합니다.

뉴스 언어는 친숙하지 않습니다. 산불이 나면 산림청 보도 자료에는 '몇 헥타르(ha)'가 탔다고 표현합니다. 기자들도 그대로 받아 적습니다. 몇 헥타르라니, 대체 얼마나 탄 걸까요? 감도 안 옵니다. 보도한 기자들은 알까요?

재밌는 건 산불 기사를 보도한 친한 사회부 기자에게 1헥타르면 면적이 어느 정도 되는지 아느냐고 물었더니 모른답니다. '가로 100m, 세로 100m 면적만큼 탔다'고 표현하면 누구나 이해하기 쉬울 텐데 그 쉬운 일을 안 합니다. 사실 기자는 친절하지 않아도 상관없습니다. 그 기사를 접한 사람들이 이해하지 못한다고 해서 월급이 깎이는 건 아니니까요. 하지만 상품을 판매하는 사람은 입장이 다르지요. 고객이 무슨 말인지 모르는데 상품을 살 것 같은가요? 당장 매출이 깎이고 맙니다.

태풍이 오면 보통 순간 초속을 이야기합니다. 그런데 그런 표현이 와닿나요? 초속보다 더 친숙한 시속이 낫습니다. '태풍 바비는 초속 60m'라는 표현이 와닿나요? '태풍 바비는 시속 200km'가 더 빨리 와닿습니다. 1초 만에 이해됩니다.

초속 60m 〈 시속 200km

저라면 TV 뉴스를 보도할 때 어려운 용어는 화면 한 귀퉁이에 설명을 함께 띄워 이해를 돕겠습니다.

똑같은 팩트도 보는 이에게 쉽고 빠르게 전달되도록

늘 고민해야 합니다.

'친숙이 언어'와 가장 거리가 먼 언어로 '판사 언어'가 있습니다. 아는 변호사에게 들은 얘기인데, 의뢰인 열에 아홉이 판결문을 읽어도 이겼단 내용인가, 졌단 내용인가 잘 모른답니다. 법정에서 판사가 선고 결과를 말해도 그게 무슨 뜻인지 몰라 변호사에게 다시 물어본다는 거지요.

형사소송규칙 제147조는 '재판장은 피고인에게 판결 이유의 요지를 적절한 방법으로 설명'해야 한다고 되어 있습니다. 이 적절한 방법이란 단어가 참 모호합니다. 손짓, 발짓 해가며 칠판에 그림을 그려 설명하라는 것도 아니니 판사 재량에 따라 자기 뇌 속의 법적 지식 수준에서 말해도 문제없다는 말입니다. 이런 판사 언어를 아무렇지 않게 뱉어낼 때마다 듣는 이는 언어적으로 대접을 못 받는 겁니다.

제가 운영하는 법인 중 한 곳에서 정관을 변경하느라 법원에 등기 업무를 신청했는데, 법원에서 '신청 사건의 교합이 완료되었습니다'라는 메일을 보내왔습니다. 교합이라니, 이게 대체 무슨 말인가 어리둥절해서 사전을 찾아봤더니 등기 공무원이 등기부에 최종 확인하고 날인을 마쳤다는 의미였습니다. '전부 잘 끝났습니다'라고 쉽게 쓰면 될 텐데, 그들만 아는 용어로 시민을 대한다는 데 울컥했습니다.

'국민건강증진법 제9조 제4항'이라고 하면 알아듣는 이는 판사를 비롯한 법조계 종사자뿐일 겁니다. 보통은 '금연법'이라고 쉽게 표현해야 알아듣습니다.

법제처에 따르면 매년 한국 국민 8명 중 1명이 소송을 벌입니다. 민사, 형사, 행정 업무만 해마다 630만여 건 이상이나 되며 하루에 340쌍이 이혼을 하고 등기 신청, 공탁, 가족 관계 등록 등 소송 외 사건까지 합치면 전체 국민 3명 중 1명이 법원을 찾습니다. 이렇게 많은 이들이 법원을 이용하는데도 국민은 정작 판사 언어를 모릅니다. 판사도 어렵게 말한다고 월급이 깎이지 않습니다. 그러나 제품을 판매해야 하는 **당신은 얘기가 다릅니다.**

판사 언어 못지않게 어려운 것이 보험 언어입니다. 예를 들어 혈관 질환에 대한 얘기를 친숙이 언어로 풀어볼까요?

"고객님! 이 세상 모든 환자는 병원 가면 어떤 이유로 왔든 간에 똑같이 두 가지를 해요. 의사 만나기 전에 혈압 재고, 의사 만난 뒤엔 피검사를 하죠. 다 혈관과 관련된 거예요. 그만큼 만병의 근원이 혈관이란 말이죠. 그런데 다른 혈관에 문제가 생기는 건 괜찮아요. 사람한테 가장 중요한 뇌에 문제가 생기면 그건 생명하고 직결되는 거예요. 뇌에 생기는 문제 중 일반적으로 뇌졸중이 있는데, 예전엔 중풍이라고 불렀죠. 뇌졸중은 두 가지예요. 막히면 뇌경색, 터지면 뇌출혈이에요. 뭐가 됐건 둘 다 치료를 해도 이런 후유증이 남아요.

구음장애, 버버버 하면서 말을 잘 못하는 겁니다.

상지장애, 손발이 마비되는 겁니다.

시력장애, 앞이 잘 안 보이는 겁니다.

신경병성 통증, 온몸이 아픈 겁니다.

이 모든 걸 대비하기 위한 보험이 이거예요.”

쉬운 말일수록 쉽게 귀를 파고듭니다.

치아보험에서 보장하는 질환은 크게 세 가지로 충전, 크라운, 보철입니다. 이게 뭔 소리일까요? 그래서 치아보험이 처음 출시되어 교육 자료를 만들 때 '**때우고(충전), 씌우고(크라운), 끼우고(보철)**'라고 표현했습니다. 때운다는 건 아말감, 레진, 인레이, 온레이고 끼우는 건 임플란트, 브리지, 틀니가 되겠죠.

암보험에 가입했다면 '소액암, 일반암, 고액암'이라는 말을 들어보셨을 겁니다. 이 용어들은 병원에서 쓰는 의학 용어도 아니고 법적 용어도 아닙니다. 단순히 보험사가 임의로 구분해 만들어놓은 단어입니다. 그런데 만약 내 몸에 암이 생기면 그 암이 분류표 중 어디에 속하는지 쉽게 알 수 있을까요? 다들 암보험 하나쯤은 있어도 정작 보험 용어는 잘 모릅니다. 그래서 저는 한 보험사 세일즈 영상을 제작하면서 자막을 소액암은 '**흔한암**', 일반암은 '**모든암**', 고액암은 '**완치가 안 되는 희귀암**'이라고 쉽게 표현했습니다.

친숙하지 않은 언어(unfamiliar terms)를 가장 많이 쓰는 곳은 다름 아닌 기업입니다. 기업에는 각자 자사에서만 쓰는 언어가 있습니다. 아모레퍼시픽에서 매우 중요하게 생각하는 마케팅 상품 키워드 용어를 공개합니다.

슈퍼 플라보노이드™	셀레티노이드™
진세니스피어™	진세노믹스™
스템-코드™	로지-사틴 콤플렉스™
오키델릭서™	COLLAGENIC-ERP™

무슨 말인지 아시겠어요? TM이 붙어 있지요? 고유상표권(trademark)이란 뜻입니다. 다시 말해 다른 화장품 브랜드들은 안 쓰는 말

이라는 뜻입니다. 이 용어를 보면 이해가 됩니까? 그 기업만이 중요하게 생각하는 용어일 뿐 소비자가 친숙하게 받아들이는 것은 아닙니다. 용어 설명도 '슈퍼 플라보노이드는 400만 개의 스템셀이 피부 구석구석의 세포를…' 하는 식입니다. 설명 역시 기업 지향적입니다.

통신업계의 기업 언어를 파헤쳐보겠습니다. '공시 지원금'과 '선택 약정'입니다. 이 두 단어는 휴대폰을 바꾸거나 가입할 때 반드시 거쳐야 하는 단어인데도 바로 친숙하게 귀에 맺히나요? 공시 지원금이란 통신사가 물건값을 대신 내주는 것입니다. 가령 폰 기계값이 100만 원인데 공시 지원금이 30만 원이라면 통신사가 자기 통신사로 가입하는 조건으로 30만 원을 대납해줄 테니 손님은 70만 원만 부담하라는 겁니다. 그게 싫다면 기계값은 전부 할부로 내고 대신 요금의 25%를 약정 기간에 매달 할인해주는 것이 선택 약정입니다. 이렇게 쉬운 내용이지만 정작 가입자는 잘 모를 가능성이 높아요.

그 이유는 단말기 구입 시 공시 지원금을 받지 않았거나 약정이 끝나고 나서도 통신사 이동을 하지 않으면 누구나 매달 요금의 25%를 할인받을 수 있음에도 놀랍게도 몰라서 할인 못 받는 이가 국민의 5분의 1인 1,200만 명이나 되거든요.[8] 과학기술정보통신부는 이 상황을 홍보하기 위해 25% 요금 할인 홍보물을 제작해 전국 이동통신 대

---

8 "국민 5분의 1 통신요금 25% 할인 놓치고 있어…", 뉴시스, 2021. 5. 17.

리점과 행정복지센터 3,800여 곳에 배포하고 스마트초이스라는 사이트를 만들어 자가 조회할 수 있게 해놨지만 신통치 않습니다.

또 휴대폰을 구입할 때 기준점이 되는 단어가 있으니, 이름하여 '할부 원금'입니다. 할부 원금이란 쉽게 말해 '폰 가격'을 말합니다. 보통 물건을 사려 할 때 가장 먼저 물건값을 봅니다. 폰이란 물건값이 할부 원금입니다. 그렇다면 그냥 기계값이라 하면 될 것을 왜 이런 어려운 기업 용어로 포장해놓았을까요?

엘지유플러스에는 포인트파크라는 것이 있는데, 매장에 나가보니 소비자가 이 기업 언어의 뜻을 잘 이해하지 못하더군요. 이는 마트나 주유소나 다른 카드 여기저기 흩어져 있던 포인트를 모두 모아 그 포인트만큼 돈으로 환산해 단말기값으로 납부할 수 있는 제도를 말합니다. 그래서 아래와 같이 바꿔드렸습니다.

- 공시 지원금 → **통신사가 단말기값 빼주기**
- 선택 약정 → **요금 4분의 1 깎아주기**
- 할부 원금 → **폰값**
- 기기 변경 → **폰만 바꾸기**
- 번호 이동 → **통신사 이동**
- 신규 가입 → **첫 가입**
- 포인트파크 → **흩어진 포인트 몽땅 모아 단말기값 퉁치기**

3대 통신사에는 자사 홈페이지에 판매 몰이 있습니다. 엘지유플러스 홈페이지 내에는 LG U+shop이라는 자사 몰이 있습니다. 코로나 사태 이후 사람들이 오프라인 대리점에 나가는 것을 꺼리기에 이자사 몰의 매출을 기대하게 되면서 마케팅 자문을 의뢰받았습니다. 이 온라인몰의 장점 중 하나는 추가 7% 요금 할인 혜택을 준다는 것입니다. 회사에서는 나름 큰 혜택이자 강점으로 생각하지만 조사를 해보니 의외로 소비자는 다음과 같이 생각했습니다.

'단말기 가격의 7%인지, 정상 요금의 7%인지 모르겠다.' '잘 보이지 않는다.' '구미가 당기지 않는다.' '떡밥 같다.' '의례적인 문구처럼 보인다.'

휴대폰 이미지 옆에 단순히 '추가 할인 7%'라고 써놓으니 아무 감흥이 없는 겁니다. 그래서 저는 일단 다음과 같이 소비자가 이해하기 쉬운 문구를 길게 만들어보았습니다.

'대한민국 어느 휴대폰 대리점을 들어가도 선택 약정은 25%가 최대인데 유샵에서 폰을 개통하면 25%에 7%를 더해 32% 요금을 할인해줍니다.'

하지만 이건 오프라인 매장에서 말로 설명할 때 얘기이고, 온라인몰에서는 글자의 제한이 있는 데다 이렇게 적어봐야 읽지도 않습니다. 그러므로 친숙하게 한눈에 들어오는 상품 언어로 바꾸었습니다.

폰샵? 요금 1/4 깎아준다?

유샵! 요금 1/3 깎아준다!

25% 할인보다 '1/4 깎아준다'가 친숙하며 32%(25%+7%) 할인보다 '1/3 깎아준다'가 빠르게 이해됩니다. 또 딱딱한 UI 아이콘도 모두 바꾸어야 한다고 자문했습니다. UI 언어가 기계적이면 클릭하고 싶은 마음이 줄어듭니다. 그래서 다음과 같이 친숙한 용어로 바꾸도록 했습니다.

가입 조건 선택

- 색상 　　　　　　　　→ **색깔을 골라보세요**
- 가입 유형 　　　　　　→ **셋 중 어느 걸로 하실래요?**
- 할인 유형 　　　　　　→ **어떻게 깎아드릴까요?**
- 공시 지원금, 선택 약정 → **폰값 깎아드릴까요? 요금 깎아드릴까요?**
- 할부 기간 12, 24, 30 → **1년 손님 되실래요? 2년 손님 되실래**
　　　　　　　　　　　　　요? 2년 반 손님 되실래요?
- 선택 사은품 　　　　　→ **선물 고르세요**
- 제휴 카드 　　　　　　→ **자동 이체 돌리시면 또 할인**
- 프리미엄 오늘 배송 　→ **오늘 퀵 배달**

때로는 대중화된 카페 같은 곳의 언어가 의외로 친숙하지 않은 경우도 있습니다. 6년 전 시험 매장을 운영하며 가장 기본적인 10개 커피 메뉴의 소비자 이해도를 테스트한 적이 있었는데, 소비자 이해도가 놀랍게도 매우 낮았죠. 요즘은 콜드브루, 니트로 커피, 스페셜티도 대중화됐습니다. 그런데 설문을 해보니 각각의 커피가 뭔지 정확히 모르고 있었습니다. 콜드브루는 '원두를 차가운 물로 장시간 우려낸 원두커피'를 말합니다. 니트로 커피는 '콜드브루에 질소를 주입해 생맥주처럼 부드러운 거품이 나게 만든 커피'를 말합니다. 스페셜티는 뭘까요? 소비자에게 물어보면 "좀 더 특별한 뭔가 있는 거 아니냐" "그냥 이름만 스페셜이라 붙인 것 같다"고 말합니다. 스페셜티 커피는 커피 전문가 단체인 스페셜티커피협회에서 테이스팅한 후 80점 이상을 주어 품질을 인증한 커피입니다. 모두 소비자에게 친숙한 설명이 필요합니다.

콜드 브루　　　→ **찬물에 우린 커피**

니트로 커피　　→ **거품 커피**

스페셜티　　　　→ **고품질 커피**

매장에 오른쪽 문구처럼 친숙한 설명 문구를 함께 표기한다면 고객의 마음을 움직이는 데 도움이 될 겁니다.

" 가정(家庭) 언어 "

지금까지 지적한 언어를 제대로 변신시키려면 어떻게 해야 할까요? 좋은 원칙이 있습니다. 친숙한 상품 언어의 정답은 '가정(家庭) 언어'입니다. 사람이 쓰는 말과 글의 난이도를 측정하는 방법으로 플레시-킨케이드(Flesch-Kincaid) 테스트가 있습니다. 문장과 단어 길이를 조사해 쉬운지 어려운지 체크하는 방법입니다. 그런데 이보다 빠르고 간단한 방법이 있습니다. 문구를 만들 때 아주 좋은 판단 기준을 세우면 됩니다. 가정 내에서 가족 구성원 사이에서 사용했을 때 이질감이 없는 친숙한 '가정용 언어'인가 대입해보면 단박에 판정 납니다.

예를 들어 영화가 개봉하면 '절찬리 상영 중'이라고 걸어놓습니다. 조사해보니 1970년대 영화 포스터에도 '절찬리'라는 말이 등장하더군요. '절찬리'란 '지극히 칭찬받는 가운데'란 뜻입니다. 살면서 절찬리라는 말을 식구들끼리 단 한 번이라도 써보셨나요?

"아들, 오늘 학교에서 발표 잘했니?"

"네, 엄마. 절찬리에 발표했습니다."

이상하죠? 그러니 이런 말은 친숙이가 아닙니다.

대개 가정에는 TV 앞에 2개의 리모컨이 있습니다. 국내 한 통신사 매장을 컨설팅할 때 직원들이 스마트TV 리모컨과 IPTV 리모컨이라는 말을 너무나 자연스럽게 쓰는 걸 봤습니다. 사실 많은 고객이 스마트TV가 뭔지 IPTV가 뭔지 잘 모릅니다. 리모컨은 오죽하겠습니까? 가정에서는 "IPTV 리모컨 어디 있어?"라고 하지 않습니다. 그래서 이런 용어를 친숙이 언어로 바꾸도록 독려했습니다.

스마트TV 리모컨 → **TV 리모컨**(TV 샀을 때 받은 리모컨)

IPTV 리모컨　　　 → **인터넷 리모컨**

　　　　　　　　　(인터넷 가입했을 때 받은 리모컨)

사실 가정에서 TV 리모컨, 인터넷 리모컨이라고 분류해서 부르는 분이면 양반이고, 상당수 가정은 그저 "길쭉한 거, 뚱뚱한 거, 작은 거 어디 있어?"라고 합니다.

자외선 차단제는 크게 화학적 차단제와 물리적 차단제로 나눕니다. 문제는 화학적 차단제를 '유기자차'라고 부르고 물리적 차단제를 '무기자차'라고 부르기 때문에 소비자가 잘 이해하지 못한다는 것입니다. 재미난 건 지금은 모르겠지만 2016년에 면세점 직원들을 교육했을 때 화장품 판매 사원 중 무기자차, 유기자차라는 말을 못 알아듣는 이들이 절반이나 되었다는 사실입니다. 소비자는 오죽할까요? 그러니 이렇게 친숙이 언어로 풀어주면 됩니다.

유기자차 → **흡수 선크림**
　　　　(자외선을 흡수해 열에너지로 바꿔주는 선크림)

무기자차 → **반사 선크림**
　　　　(자외선을 반사해 차단해주는 선크림)

몸에 좋은 불포화지방산이 많이 함유된 식품이라는 문구를 흔히 봅니다. 하지만 '불포화지방산'이 대체 뭔지 물으면 쉽게 답하지 못합니다. 자주 듣기는 하지만 그게 뭔지 잘 모릅니다. "불포화지방산이란 몸에 좋은 고밀도(HDL) 콜레스테롤 수치는 높여주고 혈관을 막는 나쁜 저밀도(LDL) 콜레스테롤 수치는 낮춰주는 기능을 하는 것입니다"라고 정확히 얘기하면 알까요? 돌아서면 또 잊어버립니다. 그러면 어떻게 친숙이로 만들까요? '착한 지방'이라고 부르면 한

결 낫지만, 뭔가 부족합니다. 그렇다면 좀 더 나아가 '나쁜 지방 녹이는 착한 지방'이라고 하면 비로소 이해가 되겠죠. 이런 식으로 언어에 친숙이를 입혀야 합니다.

불포화지방산 → **나쁜 지방 녹이는 착한 지방**

마찬가지로 '두절 가자미'보다 **'대가리 자른 가자미'**가 낫고 '서리태'보다 **'검정콩'**이 친숙하며 '벨크로'보다 **'찍찍이'**가 이해하기 빠릅니다. 위 예시들로 당신도 느꼈듯이 친숙한 문구는 소비자의 마음에 1초 만에 파고듭니다. **친숙한 1초 문구를 만들어야 합니다.**

" 당신에겐 친숙한 것이 " 상대에겐 낯설다

나에게 친숙한 것이 다른 이에겐 전혀 아닐 수 있습니다. 당신이 남자라면 여자 형제가 있든 여자 친구가 있든 심지어 아내가 있든 여자의 입술에 대해 모릅니다. 사랑하는 사람이 빨간 립스틱을 바르고 맞은편에 앉아 있으면 남자는 상대가 그저 립스틱을 바르고 있는 줄 압니다. 하지만 여자의 속마음은 이렇습니다.

남자: 쥐 잡아묵었나.

여자: 먼저 입술 주변에 파운데이션을 바르면서 입술을 정리한 다음, 립밤 바르고 틴트 바르고 립스틱 바르고 립 오일이나 립글로스를 바른 뒤에 마지막으로 마무리하고 앉아 있는 거라고!

요즘 유행하는 입술 연출 트렌드를 알려드리자면 풀오버 립, 레이어링 립, 그러데이션 립이 있습니다. 풀오버 립은 입술 경계선보다 살짝 넘치게 그리지만, 은근히 엷어지게 그려주는 걸 말합니다. 예전처럼 입술선 경계가 명확히 구분되게 바르는 여성은 별로 없습니다. 레이어링 립은 레이어링 패션 연출처럼 다른 색상을 겹치게 바르는 건데, 연한 색상부터 진한 색상까지 차례대로 발라 오묘한 색상을 연출하는 겁니다. 그러데이션 립은 한 가지 또는 몇 개의 비슷한 색으로 자연스럽게 채도를 변화시키면서 점차 색이 엷어지거나 진하게 연출하는 걸 말합니다. 입술 안쪽에는 진한 색을 바르고 바깥쪽으로 갈수록 연한 색으로 칠해 입술이 작고 도톰해 보이게 합니다. 이해하셨습니까, 남성 독자님? 천만에. 자신하는데, 지금 글을 읽으면서도 잘 못 알아들을 겁니다.

한국금융연수원에서 40명의 남성에게 이렇게 친절히 설명해준 다음 알겠냐고 물어보니 모두 묘한 표정을 짓더군요. 여성 모델 16명의 입술만 보여준 후 "다음 중 풀오버 립, 레이어링 립, 그러데이션 립으로 연출한 입술을 찾아보세요"라고 했더니 그 누구도 쉽게 찾지 못했습니다. 하지만 여성들은 다 찾아냅니다. 이 책 출간에 맞춰 유튜브 채널 '장문정 TV'에 영상을 올려놓을 테니 당신도 찾아보십시오. 쉽지 않을 겁니다.

이처럼 같은 대상을 바라보더라도 누구에겐 친숙한 것이 누구에겐 낯선 것일 수 있습니다.

사업 설명회를 진행하면 그 분야의 사전 지식을 갖추지 못한 분들이 참석합니다. 그래서 사전 PT를 준비할 때 쓰는 저만의 인형이 있습니다. 책상 위에 인형을 놓고 알아듣게 차근히 설명합니다. 내가 설명하지 못하는 지식은 이해하지 못한 것입니다. 다음은 제가 미국에서 강의할 때 만든 교안 내용으로, 친숙이의 원칙입니다.

자연스럽고 쉬운 말은 마음을 끄는 힘이 있다
(The naturalness of such speech is appealing)

---

1. 익숙하지 않은 용어는 풀어서 말하라(Explain unfamiliar terms).
2. 고객의 지식수준이 높다고 생각하지 마라
   (Do not overestimate the knowledge of customer).
3. 복잡하지 않고 쉽게 말하라(Use plain language & simple phrases).
4. 고객이 친근감을 느끼는 표현을 써라
   (Speak with a sense of familiarity).
5. 쉽게 가라(Go an easier way).

" 소비자에게 친숙한 언어를 만들어라 "

주린이(주식 초보자), 코린이(가상화폐 초보자)가 입문을 하면 어이없게도 매수, 매도를 헷갈려 잘못 주문하는 경우가 매우 많습니다. 증권 또는 가상화폐 거래소마다 매수와 매도를 헷갈려 피해를 보지 않도록 당부하는 공지 사항을 띄워놓은 것만 봐도 알 수 있습니다. 하지만 그런 불필요한 공지보다 다음과 같이 친숙하게 바꿔놓으면 이런 실수가 원천적으로 사라질 겁니다.

매수 → **살래요**

매도 → **팔래요**

성경에는 '신묘막측(神妙莫測)'이란 표현이 나옵니다(시편 139:14

개역한글판). 영어로 그저 'wonderful'입니다. 대체 누가 이렇게 번역했을까요? 쉬운 것을 어렵게 만드는 참으로 신묘막측한 능력입니다.

라디오에 게스트로 출연한 적이 있는데 진행자가 저에게 "남들과 차별되는 나만의 특별한 능력이 있다면?" 하고 묻길래 "어쉽능"이라고 답했습니다. 이 시대에는 '어쉽능' 즉 '어려운 것을 쉽게 설명하는 능력'을 키워야 합니다. 우리는 어려운 걸 쉽게 설명하는 남자 또는 여자, 곧 어쉽남, 어쉽녀가 되어야 합니다. 상대가 못 알아들으면 나만 손해입니다.

당신의 언어를 상대에게 쉽게 다가갈 수 있는

친숙이 언어로 바꿔보세요.

그 1초 문구가 소비자의 마음을 사로잡을 수 있습니다.

3장

쓱 봐도 척 잡히는
직관 언어를
만들어라

직관을 따르라

직관(intuition)이란 뭘까요? 제 경험을 예로 들죠. 행사에 참석하기 위해 대구에 갔습니다. 담당자에게 장소가 어디냐고 물으니 '인터불고 호텔'이랍니다. 내비게이션에 인터불고 호텔을 찍고 도착했는데 느낌이 왠지 싸했습니다. 사람들로 가득해야 할 행사장은 안 보이고 호텔 직원은 오늘 그런 행사가 없다는 겁니다. 담당자에게 다시 전화했더니 인터불고 호텔이 맞답니다. 이게 어찌 된 걸까요? 알고 봤더니 대구에 인터불고 호텔이 2개가 있었다는 거죠. 다른 인터불고 호텔까지 차로 무려 20분이나 떨어져 있었습니다. 제게 시간 엄수는 생명 같은 것이라 심장이 철렁거린 사건이었습니다.

한번은 선문대학교 최고경영자 과정에 초빙받아 내려갔습니다. 분명 천안에 있다고 해서 내비게이션에 선문대학교 천안캠퍼스를 찍고 갔는데, 도착해보니 이번에도 느낌이 이상했습니다. 어이없게도 대학은 천안 선문대학교지만 강의장은 아산 캠퍼스였습니다. 천안에 20분 거리를 두고 2개의 캠퍼스가 있었습니다.

또 부산시립미술관에서 출판 강연회가 있어 부산역에서 내린 후지하철을 타고 가는데 가까운 지하철역을 검색해보니 센텀시티역이었습니다. 그런데 이름이 비슷한 센텀역에서 내린 겁니다. 역에서나와 주변을 둘러보는데, 아무리 생각해도 미술관이 들어서기에는주변이 너무 휑했습니다.

이런 일들을 겪은 이후 기업체나 호텔 행사장을 방문할 때 누구나아는 지명일지라도 주소를 알려달라고 하고 그걸 찍고 가는 편집증적인 습관이 생겼습니다. 누구나 아는 63빌딩이라 해도 장소를 찍고가지 않고 주소를 찍고 출발하는 식입니다.

그런데 이번에는 주소를 찍고 가는 바람에 어이없는 일을 당한 적이 있습니다. 하나금융그룹을 방문하기 위해 습관처럼 주소를 찍었더니 '서울시 중구 을지로 66'이었습니다. 그런데 거의 도착했는데분위기가 이상합니다. 내비게이션이 좁고 낡은 을지로3가의 인쇄소골목길로 이끄는 겁니다. 직관적으로 뭔가 잘못됐다는 느낌이 왔습니다. 그래서 혹시나 하고 주소 대신 오랜만에 장소(하나금융그룹)를입력하니 어이없게도 명동 한복판으로 나왔습니다. 그런데 그곳도주소는 을지로 66으로 동일합니다. 즉시 차를 돌려 명동으로 향해서 이번에는 다행히 늦지 않았습니다. 의심할 수 없는 명확한 주소라는 팩트보다 뭔가 이상함을 느낀 직관을 따랐기에 십년감수한 경우입니다.

미국에서도 이런 일을 겪은 적이 있습니다. 누군가를 포틀랜드에서 만나기로 했습니다. 포틀랜드 하면 한국인들은 가장 서쪽 시애틀 밑에 있는 곳을 쉽게 떠올릴 겁니다. 근처에 한인타운도 있는 만큼 한국 사람들이 많이 거주하니까요. 그런데 상대방은 미국에서 가장 동쪽인 보스턴 위에 있는 곳을 말한 겁니다. 직감이 이상해서 확인하지 않았다면 대륙 반대편에서 헤맬 뻔했습니다. **이처럼 사람들은 확실한 이성적 팩트보다 직관을 따릅니다.**

이런 현상은 정형화된 이성 시대에 아이러니하게도 더 강해지고 있습니다. 산업 경영학과(industrial administration) 마이클 프리툴라(Michael Prietula) 교수는 다음과 같이 말했습니다.

"정신은 정보를 받아들일 때 하나로 인식하지 않고 여러 개의 개별적인 블록 단위, 즉 덩어리로 조직한다. 그 덩어리들이 상호 교감을 하기 때문에 그 폭넓은 정보 형태를 통해 정신은 느리고 천천히 분석하는 단계를 건너뛰어 곧바로 직관에 의한 결론에 이르는 일이 생긴다."

놀라운 이야기 아닌가요? 이 교수의 말을 직관 언어로 다시 풀어보면 '머리에는 생각 없이 보는 대로 각인된다'는 말 아닙니까?

직관의 힘으로 성공한 대표적인 케이스는 상대성 이론을 탄생시킨 알베르트 아인슈타인입니다. 그는 자신의 물리 법칙을 발견하는 데 결정적 역할을 한 것은 깊은 관찰, 고민, 탐구가 아니라 직관이었다고 결론지었습니다. 물론 직관이 모두 훌륭한 건 아닙니다. 그는 기만적인 직관에만 의지해 일을 추진하다가 아무 성과도 못 거두고 2년간 허송세월 보냈다고 인정한 적도 있습니다. 지식, 이해, 지혜에 의존하지 않고 직관에만 의존하면 정신적 나태를 초래하거나 문제적 선입견을 낳을 수도 있습니다. 따라서 문뜩 번뜩이는 찰나의 아이디어를 무조건 직관이라 할 수 없습니다. **요지는 소비자가 점점 직관에 의존하는 현상이 강해지고 있다는 겁니다.**

바야흐로 직관의 시대입니다. 사유하길 좋아하던 조선 시대 문인들과 달리 현대인은 깊이 사고하고 고민하지 않습니다. 깊이 생각하고 곱씹어서 이해하는 시대는 지나갔습니다. 세상은 '**당신의 직관을 따르라(Listen to your intuition)**'라는 메시지로 넘쳐납니다. 우리 언어도 그에 발맞춰 직관적으로 바뀌어야 합니다.

" 상품 언어가 직관적이어야 하는 이유 "

매일같이 어마어마한 광고물이 당신의 눈과 귀를 통해 뇌에 침투됩니다. 당신은 광고를 하루에 몇 개나 볼까요? 이 질문을 직접 해보면 대부분은 "100개? 200개?"라고 답합니다. 예전 제 책에서는 〈비즈니스위크〉지를 인용해 하루 3,000개나 본다고 썼습니다. 최근 영국 〈가디언〉지의 조사에 따르면 사람들은 매일 3,500개 이상의 홍보에 노출된다고 합니다.[9] 이렇듯 광고량이 하루가 다르게 점점 늘고 있습니다. 스마트폰을 1시간만 들여다봐도 수많은 광고를 보게됩니다. 그러나 이 조사에서는 그 가운데 99%는 어떠한 효과도 거

---

9 How brands are using geolocation marketing to get their message heard, ic-creative journal, 2019. 8. 5.

두지 못한다고 밝힙니다.

이유는 간단합니다. 사람들이 너무 많고 비슷한 것을 매일 접하다 보니 광고를 전혀 인식하지 못하는 '광고맹(ad-blindness) 현상'을 보이기 때문입니다. 뇌가 예측 가능한 광고를 무시하는 것입니다.

광고는 익숙함을 좇지 말고 익숙함을 뛰어넘어야 합니다. 그러기에 보통 이상의 자극을 줘야 들립니다. 개가 사람을 물었다면 이슈가 되지 않지만 사람이 개를 물었다면 저녁 뉴스거리가 됩니다.

언어에도 전기 자극을 줘야 합니다. 전기가 실제 사람에게 자극을 주는 시간은 1초도 안 되는 찰나의 순간이듯 직관적 상품 언어도 매우 짧은 시간에 고객의 눈에 들어가 뇌에 새겨지게 만듭니다.

기다림의 미덕이 사라진 시대에

소비자를 빨리 사로잡기 위해서는

메시지가 직관적이어야 합니다.

'직관 언어(intuition phrase)'란 체계적인 사유(methodical cause)나 단계적인 추리(step-by-step reasoning)를 거치지 않고 말하는 대로 들리고 보는 대로 받아들여지는 광고, 홍보를 비롯한 세일즈 지향 문구'를 말합니다.

고객의 머리에 일단 머물면서 필터링을 거쳐 점진적으로 납득시키는 것이 아니라, 평면적 문구가 한 번에 즉시 뇌까지 도달해 입체적으로 새겨지는 메시지를 말합니다.

과거 함께 봉사 활동을 하던 연세 지긋한 열쇠 수리공이 계십니다. 이분이 열쇠 없는 자물쇠를 열 때 옆에서 관찰해보면 신기하기 그지없습니다. 신비스러운 직관의 인도를 받기나 하는 것처럼 굽은 철사 하나를 가지고 무겁고 복잡한 자물쇠에 넣고 잠시 더듬거리더니 이내 쉽게 엽니다. 순전히 그의 감각적 직관에 따른 겁니다.

자전거를 타고 갈 때 이 정도 꺾지 않으면 중심을 잃게 된다고 의식적으로 생각하고 운전하는 사람은 없습니다. 감각적 직관에 따른 겁니다. 언어도 마찬가지입니다. 감각적인 직관에 의해 쓰인 것이어야 눈에 확 들어와 맺힙니다.

직관 언어를 만드는 원칙

그러면 상품 언어를 직관적으로 만드는 방법은 무엇일까 궁금하실 겁니다. 다음은 상품 컨설팅을 해오면서 직관 언어를 만드는 저만의 작업 매뉴얼 중 일부입니다. 저에겐 매우 소중한 노하우이기 때문에 따로 지면을 할애해 설명하겠습니다. 가장 중요하게 생각하는 원칙 몇 가지를 추려 사례 위주로 소개하겠습니다.

직관 언어 생산 원칙

- 일차원적(one dimension)으로 만들어라.
- 쓱 봐도 척 잡히게 하라.
- 소비자 심리를 반영하라.
- 현장 언어로 만들어라.

오늘날의 고객은 참을성이 없습니다. 따라서 보는 대로 받아들이게 해야 하고 듣는 대로 느껴지게 해야 합니다. 곰곰이 생각하지 않는 시대입니다. 저는 신간 시집을 찾아 읽는 편인데, 요즘 시집 트렌드는 매우 직관적인 언어로 이루어져 있습니다. 곱씹고 되씹고 많이 묵상해야 했던 과거 시 트렌드와 많이 달라졌습니다.

2018년 9월 숭실대학교 경영대학원(MBA)에서 강의를 하면서 학생들에게 1980년대 시를 읽게 하고 몇 가지 질문에 대해 설문을 받았습니다. "이 시들을 읽으면 어떤 느낌이 듭니까?"라는 질문에 "왜 멀쩡한 말을 꼬아놓고 어렵게 비틀어놓았는지 모르겠다" "이해를 못하겠다" "무슨 말을 하고 싶은 건지 첨삭이 되어 있으면 좋겠다"는 답변이 있었습니다. 지성의 산실에서 이런 말이 나옵니다. 무서운 건 이들이 머지않아 사회로 나가 우리가 설득해야 할 소비자가 된다는 점입니다. 마찬가지로 상품 언어의 내면을 파악하고 숨은 진의를 이해하고자 하는 **기초적 여유가 요즘 소비자에게는 없습니다.**

재개발, 재건축 시 거주자를 이주시킨 후 건설 시행까지 시간이 많이 걸립니다. 그사이 빈집에 노숙자, 10대 청소년이 흘러 들어와 슬럼화되며 방화, 사건, 사고가 빈번히 발생합니다. 누군가 고독사라도 하게 되면 건설사로선 골치가 아픕니다. 하지만 사실 건설사 입장에서는 범죄가 걱정되는 게 아닙니다. 그건 공무원들이 걱정할 일이고 건설사가 정말 골치 아파 하는 건 각종 배설물, 쓰레기 무단 투척입니다.

저도 울산의 낡고 작은 주택을 리모델링한 적이 있는데, 그동안 살던 노숙자들이 배출한 배설물의 양이 끔찍했습니다. 트럭으로 쓰레기를 몇 톤을 치울 정도였습니다. 그러면 이주를 마친 재개발 현장에 이런 분들이 접근하지 못하게 할 문구는 뭘까요? 주로 이런 경고문이 많습니다.

"무단출입(침입) 시 형법 제319조 주거침입에 의거 3년 이하의 징역 또는 500만 원 이하의 벌금에 처함을 알려드립니다."

이렇게 써놔도 아무 소용이 없죠. 요즘 실제 효과를 보는 문구가 있는데 빨간색 래커로 담벼락과 집 안 곳곳 벽면마다 이렇게 원색적으로 써놓는 겁니다.

'자다가 귀신 붙는다.'

비무장지대와 민간인통제구역 이북에는 77만 발의 지뢰가 매설되어 있습니다.[10] 요즘은 약초 동호회가 많아져 들어가면 안 되는 곳으로 들어가다 참변을 당하는 민간인들이 종종 있습니다. 그 때문에 위험지역에는 '지뢰 매설 지역' '지뢰 조심'이라는 경고 문구를 붙여놓습니다. 그런데 요즘 문구는 다음과 같이 일차원적입니다.

'들어가면 죽는다.'

제 마케팅 경력의 정체성에 행여 의문을 품을까 봐 지금껏 얘기하지 않았는데, 1990년대 중반 한 대기업에 근무할 때 온산공장에서잠시 관리자로 일한 적이 있습니다. 어디를 가나 '안전제일'이라는 문구가 표어처럼 걸려 있었습니다. 그 전에도 그랬겠지만 그 이후로도 이 문구는 30년간이나 변함이 없었습니다. 당신도 공사 현장 곳곳에 걸어놓는 현수막은 과거 '안전제일'이라는 문구가 대부분이었음을 기억하실 겁니다. 그런데 요즘 들어 확 바뀌었습니다. 지금은이렇게 일차원적으로 바뀌었습니다.

'떨어지면 죽는다.'

'사흘'이 실시간 검색어 1위를 한 적이 있습니다. 정부가 2020년

---

10 합동참모본부 자료, 2018. 10. 12

8월 15일 광복절이 토요일이어서 8월 17일 월요일을 임시 공휴일로 지정했습니다. 15~17일 '사흘' 연휴가 이어진다는 언론 보도가 나왔습니다. 그러자 "15, 16, 17일 3일이 왜 사(4)흘이야?" "3일인데 4일이라니 오보" 등의 댓글이 이어진 겁니다. 갑론을박이 벌어지면서 급기야 "사흘처럼 헷갈리는 한자를 쓰지 마라"라는 반응도 나왔습니다.

사흘은 한자가 아니라 세 날(3일)이란 뜻의 순우리말입니다. 순우리말로 날짜를 세면 하루, 이틀, 사흘, 나흘, 닷새, 엿새, 이레, 여드레, 아흐레, 열흘입니다. 이를 두고 21세기 신문맹이라며 통탄하는 이들이 많습니다. 그 심정은 이해하지만, 소비자 언어에서는 이제 사흘이라는 표현은 지양해야 합니다. 헷갈리고 생각하게 만들잖습니까? 이 책은 마케팅을 위한 것이지 국어 교과서가 아닙니다. 순우리말을 써야 한다고 주장하는 이들은 그러라고 하고, 우리는 고객을 위해 사흘 대신 3일이라고 써야 합니다. 식당을 운영한다면 '사흘간 여름휴가'라는 말은 다음과 같이 바꿔야 합니다.

'사흘간 여름휴가'

↓

'딱 3일 쉴게요'

코로나로 인한 거리 두기 단계 조절 시 정부 정책 발표 문구에도 문제가 있습니다. 늘 보던 '5인 이상 집합 금지'라고 하니 5명은 모여도 되는 건지 안 되는 건지 헷갈려 하는 분들이 많습니다. '4명까지만 모이세요' 하면 될 것을 굳이 '5인 이상'으로 표현하니 혼란스러워하는 겁니다. 또 '집합 금지'라니요. 딱 봐도 공무원 머리에서 나온 표현이지요. 집합당한다는 건 강제적인 느낌을 주며 군대나 교련 수업 받을 때나 듣던 말입니다. **'4명만 오붓하게'**라고 표현하는 것이 낫습니다. 직접적이고 일차원적으로 표현해야 혼란이 줄어듭니다.

당신도 고객이 1초 만에 직관적으로 받아들이는 게 목표여야 합니다.

" 쓱 봐도 척 잡히게 하라 "

추운 겨울날 야외에서 차가운 쇠 의자와 나무 의자 중 어디에 앉으시겠습니까? 많은 분들이 나무 의자라고 답하셨을 겁니다.

그러면 쇠 의자와 나무 의자 중 어느 것이 더 차가울까요? 대부분 쇠 의자라고 생각하실 겁니다. 정답은 '둘 다 같다'입니다. 가령 영하 10℃의 날씨라면 쇠든 나무든 표면 온도는 동일하게 영하 10℃입니다. 생각해보면 당연한 이야기지요. 그런데도 쇠 의자가 더 차갑게 느껴지는 이유가 뭘까요? 과학자들은 나무보다 쇠가 열전도율이 높기 때문에 차가운 느낌이 빠르게 전달되어서 그렇다고 말합니다.

메시지도 그래야 합니다.

빠르고 신속하게 전달되어야 소비자 뼛속으로 스며듭니다.

그러기 위해 제가 입버릇처럼 외치는 말이 있습니다.

메시지는 쓱 봐도 척 잡혀야 합니다.

1차 식품의 상품 언어를 많이 만들었습니다. 개인적으로 이것이 가장 정직한 언어라고 생각합니다. 상품의 가공도가 높아질수록 언어의 가공도도 높아지지만 과일, 육류 등 가공이 전혀 안 된 식품은 원물의 특성상 변형시킬 거리가 없으니까요.

1차 식품의 대표는 쌀입니다. 2018년 12월 농민들이 여의도 수출입은행 앞에서 쌀값을 보장하라고 외친 적이 있습니다. 이런 외침은 대개 관심을 받지 못합니다. 농민들이 허리 부러지게 땡볕 아래 벼를 키워 쌀을 생산했지만 보상을 제대로 받지 못한다고 아무리 항변해도 정작 소비자는 밥상 위의 밥에 대해 그렇게까지 감사하며 먹지 않습니다. 밥 없으면 빵 먹으면 된다는 생각이죠. 가십 기사는 훤히 꿰뚫고 있어도 쌀농사 짓는 농민들의 외침은 내용이 무엇인지 대부분 잘 모릅니다.

농민들의 어려움은 쌀값이 계속 떨어지기에 생산성이 안 맞는 데 있습니다. 농림축산식품부에 따르면 2013년 80kg 쌀값 산지 가격은 17만 5,261원이었습니다. 2014년 16만 9,490원, 2015년 15만 8,316원, 2016년 13만 9,883원, 2017년 13만 5,090원으로 급격히 떨어지고 있는데, 이것은 20년 전 1996년 쌀값 13만 4,871원과 비슷한 수준입니다. 그나마 2018년 17만 원 선까지 회복되자 언론과 소비자단체들은 쌀값이 폭등해서 물가가 오른다고 내리라고 합니다. 농민들은 그에 대해 항변했던 겁니다. 그런데 소비자로서 이런 내용을 쉽게 알아들을 수 있습니까? 지나가는 사람 중 계산기를 두드리는 이는 없습니다.

그래서 농민들은 머리띠를 두르고 '쌀값 인하 반대, 쌀농사를 살리자, 쌀값 보장하라' 같은 문구를 써서 거리 행진도 하고 구호도 외칩니다. 그런데 정작 도시 시민들은 그 문구가 눈에 척 잡히지 않습니다. "뭐야, 또 데모야. 길 막히게" 하고 맙니다. 그런데 이번 문구는 다르게 만들었습니다. 쓱 봐도 한눈에 쏙 들어옵니다.

'밥 한 공기 300원 보장하라.'

시선이 척 잡힘과 동시에 바로 이해가 되지 않습니까? 밥 한 공기는 100g입니다. 쌀 산지 가격을 100g으로 환산하면 242원입니다. 누구나 식당에서 공깃밥 하나 추가하면 보통 1,000원이란 건 인지하고 있습니다. 그런데 농민들은 242원에 파는 겁니다. 나머지는 유통과 식당의 몫인 거죠. 그들의 바람은 밥 한 공기 1,000원의 절반도 아니고 300원을 받는 것이라니, 얼마나 소박하면서도 절박합니까? 이런 문구 앞에선 과한 요구라고 할 언론과 소비자단체는 없을 겁니다.

이외에도 **'자판기 커피값도 못한 쌀값' '개 사료만도 못한 쌀값'**이라고 해도 역시 시선을 사로잡았을 겁니다.

그래서 저도 마케팅 자문을 하면서 'LGU+'보다는 '엘지유플러스'가 척 잡히게 읽히고 'U+SHOP'보다는 '유샵'이 훨씬 빠르게 읽히고 가독력도 높아진다고 조언했습니다. 지금 검색창에 이들을 한글로 입력해보면 이미 마케팅명을 그렇게 시행하고 있음을 발견하실 겁니다.

초반에 시선을 못 잡으면 고객 마음은 이미 요단강을 건너고 없습니다. 의식적으로 집중해서 보려는 메시지가 아니라 두리번거리다가, 눈길이 여기저기 산만하게 돌아다니다가도 '오잉~' 내지는 '띠용~' 하고 시선이 멈추어야 합니다.

여름마다 손에 들고 다니는 손 선풍기가 몇 년간 인기를 끌다가 2021년부터는 양손이 자유롭도록 목에 걸고 다니는 선풍기가 유행했습니다. 이렇게 새로운 상품군이 출시될 때는 더욱더 쓱 봐도 척 잡히게 지어야 합니다.

넥밴드 선풍기

목에 차는 선풍기

목에 착 선풍기

두 손 자유 넥풍기

이렇게 만들어야 한다는 겁니다. 어떤가요? 당신이 고객에게 보내는 메시지와 상품 문구는 과연 쓱 봐도 척 잡힙니까?

" 소비자 심리를 반영하라 "

일본에서 자살하는 사람이 많은 자살 바위 앞에 쓰인 경고 문구라면서 인터넷 소셜에 회자된 문구가 있습니다.

'잠깐 기다려. 하드디스크는 지웠어?'

격한 감정을 차분히 이성으로 돌려놓는 심리를 파고드는 문구입니다. 상품 언어도 현장에서 치열하게 피부로 느끼는 소비자의 심리를 꿰뚫는 것이어야 합니다.

대부분 컨설팅업체는 언어의 구조적 문제를 지적하지만, 사실 구조적 문제보다 심리적 문제가 중요합니다.

한 교육 브랜드의 세일즈 매뉴얼 작업을 했습니다. 기존 스크립트를 보니 교육 업종 아니랄까 봐 첨삭이 엄청납니다. '어머니'라고 하면 안 된다고 밑줄 긋고 '어머님'이라 해라, '안녕하십니까'는 '안녕하세요'로 바꾸라는 식입니다.

이것이 과연 세일즈 말투의 구조적 문제일까요? '안녕하십니까'를 '안녕하세요'로 바꾸기만 하면 체결률이 올라갈까요? 단지 말투만 바꿔서 매출이 늘어난다면 세상 참 쉽게 살 수 있을 텐데 말이죠. 눈길을 끈 것은 고객 거절 유형 중 하나인데, "타 브랜드 하는 애들은 성적이 쑥쑥 오르는데 왜 우리 아이는 귀사의 교재를 몇 달이나 했음에도 성적이 안 오릅니까?"라고 할 때 어떻게 응대할 것인가에 대한 거절 극복 멘트(방어 멘트)입니다. 기존 교안에 적힌 해법은 '바로 사과하고 다른 제품으로 교차 판매를 유도하라'라고 쓰여 있었습니다. '이거 별로면 딴 것도 있어요'라는 식으로 권하다니, 과일 장사도 그렇게 하지 않습니다.

그것보다는 학부모의 심리적 상태를 이해하려고 해야 합니다. 매달 돈을 쓰는 만큼 당장 가시적인 결과를 바라는 조급한 성격이거나 다른 아이들과 비교하는 성향이거나 여타 이유로 이 교육 제품을 불신하게 된 것일 겁니다.

심리적 접근을 겨냥해서 제가 수정한 멘트는 이렇습니다.

'같은 식물 같아도 벼는 물속에 아예 담가서 키우지만 선인장은 한 달에 한 번 살짝 물을 뿌릴 뿐입니다. 그렇다고 어느 쪽 식물이 못난 건 아닙니다. 역시 같은 아이 같아도 흡수되는 정도는 다릅니다. 같은 차 같아도 연비는 각각 다릅니다. 연비 좋은 차가 꼭 비싼 차는 아닙니다. 마찬가지로 흡수력 빠른 아이가 꼭 좋은 결과를 내는 것도 아닙니다.

사막이 만들어지는 이유는 두 가지입니다. 대부분은 비가 오지 않아서 사막이 된다고 생각합니다. 하지만 또 하나의 이유는 비는 충분히 내리는데 지표면에서 물이 너무 빨리 증발해버려 사막이 되는 경우가 있습니다. 저희 교재는 빨리 흡수하고 빨리 잊히는 교육이 아닙니다. 서서히 젖어들지만, 더 튼튼히 자라는 나무로 키웁니다.

야구도 9회 말까지 지켜봐야 결과를 아는데, 겨우 1회만 보고 바로 선수를 바꾸지는 않습니다. 말을 자주 갈아타면 낙마할 확률만 커집니다. 모든 아이를 똑같은 잣대로 보시면 아이에게 슬픈 겁니다.'

이 세일즈 멘트는 해당 회사에서 매우 효과 있는 언어로 검증되어 현재 잘 사용되고 있습니다. 이를 글로 담는 상품 문구로 바꾼다면 어떻게 표현할 수 있을까요?

'**마약과 보약의 차이를 아세요? 마약은 효과가 바로 오고 보약은 효과가 늦게 옵니다. 두뇌를 서서히 자라게 하는 보약 같은 ○○○.**'

(○○○에 브랜드 명을 넣어보세요.)

이렇게 만들 수 있겠습니다. **가장 성공한 상품 문구는 읽다 보면 '그래! 바로 내 얘기네!'라는 생각이 들게 하는 겁니다.** 심리를 꿰뚫었다는 얘기니까요. 통찰력이란 겉으로 드러난 상황의 속이나 이면을 보는 능력을 말하며 우리는 그러한 **소비자 통찰력**을 키워야 합니다.

신촌에서 돈카츠(돈가스) 가게를 운영하는 이러닝 수강생이 계십니다. 이런 홍보 문구를 사용하고 있었습니다.

'업그레이드된 돈카츠의 맛!

○○○. 빠르다 맛있다 즐겁다,

돈카츠 잘하는 집.'

소비자 심리를 잘못 짚은 문구입니다. 요즘 고객들은 음식이 빨리 나오는 것을 원하는 게 아닙니다. 또 '맛있다'도 클리셰이므로 빼야 합니다. 이 세상에 맛있지 않다고 하는 식당이 어디 있겠습니까? '즐겁다'는 내방 후 어떤 메시지와 이유로 즐거운지 메뉴 이미지만으로는 알 수 없어 판단이 안 되었습니다. 그러니 빠르다라는 메시지는 버려야 하고 맛있다와 즐겁다의 심리는 베어 물 때 육즙이 살아 있고 바삭함이 기분 좋게 만든다는 메시지로 바꾸어야 합니다. 그래서 이런 문구를 제안했습니다.

'○○○이 베어 물 때 유달리 아사삭 부서지는 이유는?'

'○○○이 유튜버 ASMR 성지가 된 까닭?'

'○○○ 백배 즐기기. 베어 물 때 바사삭 소리를 즐겨보세요.'

이 문구를 보면 이 매장을 방문하려는 소비자들은 바삭하다는 것은 음식에 더 손이 가고 공을 들였다는 의미라 생각하고 이를 재료의 신선함과 연결 짓기 때문에 먹고 싶다는 심리를 자극할 수 있습니다.

대기업에서 상품 문구 작업을 의뢰합니다. 이상하지 않나요? 대기업에도 분명 마케팅 팀이 버젓이 있고, 거기에는 스펙 좋은 임직원이 한가득 모여 있는데 그런 큰 집단이 왜 콩알만 한 회사를 운영하는 업자에게 일을 맡길까요?

행정안전부가 지원하고 문화일보 산하 경제지 〈디지털타임스〉가 주관하는 소상공인 골목 상권 살리기 프로젝트의 마케팅 자문 위원으로 일했는데요. 나랏일과 언론사 기자들은 똑똑한 사람의 집합체인데, 왜 저에게 자문을 받을까요? 싼 맛에? 아닙니다. 현장으로 보낼 수 있기 때문입니다. 그래서 우리는 일을 맡으면 우선 영업 현장으로 갑니다.

제가 마케팅 칼럼을 기고하는 소상공인 산업 공구 전문 월간지

〈툴(tool)〉에 현장 체험 기사가 실렸습니다. 공구 잡지에서 오랫동안 일해온 한 기자가 양양의 공구상에서 3일간 실제로 일하며 현장 체험을 했습니다. 근무하는 회사가 공구를 만드는 곳이고 오랫동안 공구를 취급했으니 현장 판매에 자신 있었나 봅니다. 그런데 그 자신감은 1분 만에 사라졌다고 합니다.

"까대기(해머 드릴) 주세요."

"네?"

"콘크리트 까대기 몰라요? 빨리 주세요."

"어버버…."

"뿌레카(함마 드릴)는 어딨어요?"

"어버버…."

정식 명칭인 해머 드릴, 함마 드릴은 알아도 현장 언어는 모르니 다년간 해당 업종에 근무하며 공구 명단 리스트를 줄줄이 꿰고 있어도 현장에서는 손님과 단순한 대화조차 불가능했던 겁니다.

현장을 모르면 티가 납니다. 저와 함께 방송하던 PD가 어느 날 저에게 말하길 우연히 라디오를 들었는데 한 요리 칼럼니스트가 맛 표현을 기깔나게 한다는 겁니다. 들어보니 가히 쇼호스트 10명 합쳐놓은 것보다 맛 표현이 기가 막혔습니다(사실 쇼호스트들은 맛 표현을 잘 못합니다). 그래서 홈쇼핑 식품 전문 게스트로 섭외했는데 요리에 대한 학식이 정말 대단했습니다. 죽 한 그릇만 놓고도 사서삼경만큼 읊어

댈 수준이었습니다.

그분은 추후 요식업 창업 컨설팅 회사를 차리고 강연과 책까지 저술했습니다. 그런데 현장에서 가게 사장님들과 이야기를 해보면 실현 불가능한 이상적인 말만 늘어놓는다는 겁니다. 예를 들면 식당 입구를 자동문으로 바꾸라는 식이죠. 누군 그러고 싶지 않겠습니까? 실제로는 어림도 없는 경우가 대부분입니다. 그러면서 사장님들이 저 사람은 식당에서 아르바이트를 한 번도 해본 적이 없는 사람이라고 낙인찍더군요.

요즘 기자들에게 쏟아지는 가장 큰 질책도 "현장으로 나가라"입니다. 엉덩이가 편해지면 글은 불편해집니다. 엉덩이 편안한 사무실에 앉아 TV 프로그램 감상평을 쓰거나 인플루언서나 연예인 가십을 퍼 나르기 바쁘거나 큰 사건을 정치 성향에 맞게 재해석한 의견을 올리는 뇌피셜 기사가 얼마나 많습니까?

그래서 현장 언어를 담은 경험을 소개합니다. 〈디지털타임스〉의 정병휘 부장과 소상공인 골목 상권 취재를 나갔습니다. 30℃가 훌쩍 넘는 7월의 한낮 오후에 서울 중구 상권 다섯 곳을 돌았습니다.

보도 차량을 운전해주시는 전담 운전기사님이 취재 부장과 취재 기자, 사진기자, 그리고 저까지 태우고 신당동 떡볶이 골목, 장충동 족발 골목, 충무로 영화의 거리, 을지로 골뱅이 골목, 북창동 먹자골목을 다녔습니다. 첫 번째로 신당동에 가더니 떡볶이를 시켜놓고 사장님 인터뷰를 하더군요. 그런 다음 곧바로 족발 골목에 가더니 족발을 시키고 인터뷰를 합니다. 영화의 거리에서는 구둣방에 들어가 일단 구두를 닦으면서 인터뷰하고 골뱅이 골목에서는 골뱅이를 시키고 또 인터뷰를 했습니다. 이런 식으로 딱 3시간 동안 다섯 끼를 먹으며 현장 취재를 했습니다. 최단 시간 최다 식사 기록이었습니다. 이렇게 해서 쓴 현장 중심 기사는 차원이 다릅니다.

신당동의 빛바랜 간판, 식당 외부에 나와 있는 위생 불량 냉장고, 컵 보관대 위에 있는 행주와 아래 쌓여 있는 오래된 신문들⋯. 제 눈에 들어오는 모든 문제점은 현장에 나가지 않으면 절대 상상으로 쓸 수 없는 것이었습니다. 세일즈 문구도 그래야 합니다.

현장 언어와 대조되는 것이 이상(理想)적 언어입니다.

만약 길을 걷는데 1,000원짜리와 1만 원짜리 지폐가 떨어져 있다면 어떤 것을 줍겠습니까? 1만 원이라고 대답했다면 이상적 언어로 말한 겁니다. 현실에서는 둘 다 줍습니다. 흔히 하는 실수인데, 상품 언어는 이상적이고 아름답게만 만들면 현실성이 떨어집니다. 그래서 상품 언어는 현실적이지만 광고 카피는 이상적인 경우가 많습니다.

남자 연예인을 모델로 한 제주산 생수 CF가 그렇습니다. 제주도에 혼자 사는 아들이 집에 돌아오니 '엄마 다녀간다'는 메모가 있고 그 사이 엄마가 냉장고에 장을 봐놓고 갔는데 열어보니 텅 빈 냉장고에 500ml 생수만 가득 채워져 있습니다. 엄마는 '바빠도 끼니 거르지 말고 물만큼은 아무 물이나 마시지 말고'라고 한술 더 뜹니다.

아니, 어떤 엄마가 혼자 사는 자식의 냉장고에 부식은 안 넣어주고 2L도 아닌 500ml 생수로만 가득 채우겠으며, 제주도 사는 아들에게 반드시 제주 생수만 마시라고 충고하겠습니까? 이런 작위적인 광고와 문구가 이상적 언어라 할 수 있습니다.

전체를 폄하하는 건 아니지만 마케팅 부서에 배치되는 인재를 보면 대학을 졸업하고 바로 신입 사원으로 배치되어 하루 종일 책상에만 앉아 상품을 머리로만 연구하니 현장에서 감지되는 고객의 심리가 그 상품 언어에 반영되겠습니까? 그렇기에 정말 고객을 찌르는 언어를 생산하지 못하는 겁니다.

공무원들도 노량진에서 교재만 부여잡고 공부하다가 입사 시험에 합격한 후 역시 사무실 책상에만 앉아 있으면 거리 노점상과 골목 상권에서 벌어지는 일을 어떻게 알고 진짜 그들에게 필요한 기획안을 만들 수 있겠습니까? 그래서 현장에 나가봐야 합니다. 현장으로 나가야 현장에 맞는 솔루션이 나옵니다.

대부분 선풍기에는 자연풍 기능이 있습니다. 알아서 바람이 강해졌다 약해졌다 하는 건데, 소비자 50명을 대상으로 이 기능을 사용하느냐고 물으니 그렇다고 대답한 이가 아예 없었습니다. 그럼에도 선풍기에 의미 없는 자연풍 기능이 수십 년째 빠지지 않는 이유는 뭘까요? 현장의 소비자를 읽지 못하기 때문입니다.

기술은 진보하지만 소비자 리딩은 멈춰 있는 겁니다.

LG전자에서 5G의 첫 신제품 V50이 출시되면서 그곳 제조사 측에서 만든 표준 매뉴얼의 일부를 소개합니다. 현장에서 적극 활용해달라면서 예상되는 고객 질문과 답변지를 받았는데, 다음과 같습니다.

- 타사 제품과 비교하여 5G 서비스 이용 장점이 무엇인가요?
- 타사 제품보다 배터리 용량이 왜 낮은가요?
- 듀얼 스크린은 화면이 2개인데 스마트폰 가격도 2배 아닌가요?
- 5G 콘텐츠를 즐기다 보면 발열, 배터리 소모가 심하지 않나요?

누가 만들었는지 모르겠지만 이걸 만든 제조사 직원은 현장을 분명 모르고 있습니다. 휴대폰 매장에 3일만 세워놔도 이런 질문지를 만들지 않을 겁니다. 고객 입에서 나오는 질문이 아니니까요.

V50의 듀얼 스크린은 휴대폰을 사면 액정이 달린 케이스를 하나 더 공짜로 주는 건데, 현장에서 이를 본 고객이 스마트폰 가격도 2배 아니냐고 물어보지 않습니다. 또 막 출시된 5G에 대한 개념도 없는데 스마트폰 사면서 5G를 쓰면 발열, 배터리 소모가 심하지 않냐고 묻는 소비자도 없습니다. 한술 더 떠 제조사 스크립트의 예상 답변은 이렇습니다.

'250% 확장되어 더욱 커진 쿨링 파이프로 40% 발열 감소를 강조하라.'

이건 제조사가 중요하게 생각하는 포인트지 매장 손님은 쿨링 파이프가 뭔지도 모르는데 아무리 좋은 거라고 설명해봐야 아무런 감흥이 없습니다.

어떤 유아 영어 교재의 내용이 'I tickle the turtle's neck(나는 거북이의 목을 간지럽힌다)'라고 되어 있더군요. 살면서 거북이 목을 간지럽힐 일은 없을 겁니다. 그런 기회가 생긴다 해도 물릴 수 있기 때문에 엄마가 말리겠죠. 동물원 관계자들과는 법적책임 공방이 오갈 것입니다. 결코 실제 생활에서 겪을 수 없는 인위적 상황입니다. 차라리 상상력을 자극해 하늘의 별을 따준다는 내용을 담으면 모를까요. 그래서 한 영어 브랜드는 마트에서 벌어지는 일, 부모와의 실제적 대화(이를테면 엄마는 밤에 자라고 하지만 아이는 계속 싫어하는 현실적 상황) 같은 일상의 에피소드를 엮어서 좋은 반응을 얻고 있습니다.

우리의 상품 언어는 체험된 삶의 현장에서
사용되는 것이어야 합니다.
끌리는 상품 언어는 현장에서 태어납니다.

" 마케팅 유레카는 훈련의 산물 "

이런 직관 언어는 매우 쉬워 보여서 금세 만들 수 있을 것처럼 여기는 사람들이 많습니다. 그렇지만 막상 해보려고 하면 생각조차 못하는 '콜럼버스의 달걀'과 같습니다. 한 분야의 전문 지식을 충분히 갖춘 사람이어야 가능합니다.

〈오늘날의 심리학(Psychology Today)〉지에서는 이렇게 밝힙니다.

"직관력 있는 사람들은 지식 분야에서 전문가들이다. 그들은 자신의 전문 분야에 속한 문제를 풀 수 있는 해박한 지식과 전문 지식을 갖추었기 때문에 직관력을 쏟아낼 수 있다."

맞습니다. 이 능력은 우선 자신의 상품군을 잘 알고 능숙하게 다룰 정도가 되어야 합니다. 자고 일어났더니 아이디어가 쏟아지거나 난생처음 접한 상품을 보면서 직관 언어를 뽑아내는 건 쉽지 않은 일입니다.

건축을 배운 적 없는 사람이 멋진 집을 짓거나 피아노를 배운 적 없는 사람이 멋진 곡을 만들기 힘든 것과 같습니다. 우선 상품에 대한 지식을 채워야 합니다. 선생님이 "이 문제 풀 수 있는 사람?" 하고 물었을 때 손을 번쩍 드는 학생은 용기만 있는 학생일까요? 그 문제의 해법에 대한 지식이 있는 학생일까요? 지식 없이 덤비는 건 객기입니다. **충분한 시간을 두고 상품을 공부해야 합니다. 그리고 그 상품이 매우 익숙해질 때까지 다룰 줄 알아야 합니다.**

저는 기계치지만 가전제품을 1시간에 100억 원어치 이상 여러 번 팔아봤습니다. 의외로 쇼호스트 중에는 상품을 집에 가져오면 구석에 처박아둔 채 상품 기술서만 보고 방송하는 경우가 많습니다. 넘치게 주어지는 상품을 그때마다 모두 공부한다는 건 벅찬 일이기 때문입니다. 그러니 홈쇼핑 쇼호스트들의 멘트가 유치하고 반복적이란 비난이 끊이지 않는 겁니다.

반면 과거 제가 방송할 때면 모든 타사 홈쇼핑 관계자들이 모니터링을 했습니다. 늘 신선한 멘트와 참신한 정보를 새로운 관점에서 제공했기 때문입니다. 홈쇼핑 관계자들도 이 책을 읽고 있겠지만 절대 부끄럽지 않습니다. 남들과 다른 멘트를 한 비결은 집에 샘플을 가져오면 현실 소비자처럼 그 누구보다 더 열심히 사용했다는 것입니다.

지금은 제 사업이니 오죽하겠습니까? 기업에서 컨설팅을 의뢰받아 상품을 받으면 화장실 갈 때나 길을 걸을 때, 심지어 잘 때도 품고 있습니다. 상품에 익숙해지려면 손에서 놓지 말아야 합니다.

작년에 용퇴한 LG그룹 하현회 부회장께서 저를 극찬한 적이 있습니다. 반려동물 케어 서비스를 컨설팅했는데 회사에서 그 결과물을 매우 흡족해했습니다. 그런데 컨설팅 보고 브리핑 후 정작 저는 개를 좋아하지 않는다고 했더니 부회장께서 "개를 좋아하지도 않는 분이 어떻게 개를 사랑하는 사람이 아니면 절대 도출할 수 없을 솔루션을 내놓는지 놀랍습니다. 이것은 개를 키우는 사람보다 더 개를 사랑하지 않고서는 만들 수 없는 내용입니다. 정말 놀랍습니다"라고 연신 감탄하더군요.

독자와 수강생은 제게 쉽게 질문을 던지지만 답이 쉽게 나오는 것은 아닙니다. 밤이 바다 깊숙이 가라앉도록 상품 자료를 탐독하고 분석하며 솔루션을 끄적이다 간혹 유레카를 외칠 뿐입니다.

라디오 프로그램에서 진행자가 제게 영감의 원천이 무엇이냐고 묻더군요. 그 물음에 저는 오로지 시간이라고 답했습니다. 미술관의 그림은 쓱 보고 지나치면 잘 그렸네, 예쁘네 정도의 감상을 느낄 수 있습니다. 그러나 오랜 시간 자세히 바라보면 화가의 의도와 깊이까지 알게 되고, 창의력과 통찰력이 생겨납니다.

조각가 미켈란젤로는 "나는 대리석에서 천사를 보았고 천사가 자유롭게 풀려날 때까지 조각을 했다"고 했습니다. 한낱 돌조차 얼마나 오랜 시간 관찰했을지 상상이 갑니다.

이렇듯 낮은 시선에서 느리게 봐야 눈에 띄는 것들이 있습니다. 야생화가 그렇습니다. 등산로를 벗어난 산길 또는 양치식물 군락지에 들어서면 처음엔 녹음이 시야에 들어오지만 시야를 낮춰 느린 걸음으로 신록을 휘저어 눈에 담으면 인위적으로 조성한 꽃밭이 줄 수 없는 황홀감을 느낄 수 있습니다. 그걸 어찌 한 번에 쉽게 느끼겠습니까?

물론 성과가 시간에 비례하는 시대는 끝났습니다. **물리적 시간을 생산적 시간으로 바꿔야 합니다.** 수학 문제를 자주 풀어본 이가 답을 빨리 찾듯 생산적 사고를 계속해야 일하는 속도가 빨라집니다.

국민건강보험공단에서 강의를 한 적이 있는데, 제 앞 강사가 예전에 가르쳤던 제자였습니다. 강의가 끝난 뒤 그 제자가 한 달 동안 이 강의를 준비하느라 아무 일도 못했다며 이제 두 발 뻗고 잘 수 있겠다고 편안한 표정을 짓더군요. 저는 반나절 만에 짰는데 말이죠. 자주 다니는 길은 다닐수록 시간이 단축됩니다. 또 자주 하는 음식은 조리 시간이 단축됩니다.

못에 비유해보겠습니다. 못질을 잘하시나요? 대못을 나무에 완전히 박는 데 망치질을 몇 번이나 해야 할까요? 성인 남성은 평균 일곱 번에서 여덟 번 내려쳐야 합니다. 하지만 숙련된 목수는 단 두 번이면 끝나며 많아야 세 번이라고 합니다. 왜 그럴까요? 잡는 방법, 때리는 위치, 망치를 휘두르는 요령 등을 오랜 시간 익혔기 때문입니다. 저 역시 상품에 익숙해질 때 비로소 고객의 폐부를 찌르는 상품 언어가 쏟아지더군요.

건축 전문가는 1만 시간의 법칙대로 그 일에 오랜 시간 몰두했기에 멋진 집을 지을 수 있듯 상품 언어 전문가도 오랜 훈련과 고민의 시간을 보내야 기업에서 비용을 지불하고 사 가는 직관 문구가 탄생합니다. 당신도 그런 훈련의 시간과 고뇌의 태도를 갖추었으면 합니다.

상품의 얼굴을 만드는
시그니처 언어

1장

애칭을 달면
날개가 생긴다

" 작명 시대는 가라, "
애칭 시대가 왔다

십수 년간 기업, 협회, 일간지, 해외 한인 신문에 마케팅 칼럼을 써 오면서 상품의 네이밍이 중요하다는 내용의 글을 기고했습니다. 과 거 제 책에서도 '작명(作名)에 상품 명줄이 달렸다'라고 밝힌 적이 있죠. 여전히 소비자는 상품의 기술적 속성보다 겉으로 드러나는 면, 즉 이름에 현혹되기 때문입니다. 예를 들어 코로나 팬데믹 직후 신풍제약 주가가 폭발하자 신풍제약과 전혀 상관없는 신풍제지 주 가도 폭등했습니다. 신풍제지는 사업군 자체가 다른데도 말이죠. 심 지어 상관없다는 사실을 알면서도 매수하는 이들이 많았습니다. 종 목 토론방에서는 신풍제약 주식을 산 이들이 '부적 매수(부적 붙이면 효능 있듯)합니다'라고 말하기도 했습니다.

이래서 기업이나 개인 모두 상품을 놓고 광명(光明)을 밝히는 광명

(光名)을 찾고 있습니다. **하지만 트렌드는 이제 네이밍 시대에서 애칭 시대로 이동하고 있습니다.** 세 가지 이유 때문입니다.

첫째, 좋은 이름이 바닥났습니다. 흔히 잘생기고 예쁜 사람은 벌써 누가 채 갔다는 말을 하죠. 좋은 이름도 이미 누군가 사용해 남은 게 별로 없습니다. 비타민 제품을 출시하면서 네이밍을 고심했는데, 직관적으로 와닿는 이름을 짓고자 '강한 비타민 임팩타민'이라고 가안을 잡았더니 대웅제약에 그 이름을 쓰는 제품이 있었고, '빠른 비타민 다이렉타민'이라고 지었더니 무려 1994년 중외제약에서 상표등록을 했더군요. 이제는 어떤 이름을 지어내도 이미 그 이름을 쓰는 제품이 존재합니다.

어느 날 친한 후배가 태환에서 현우로 개명하겠다고 하길래 제 휴대폰에 저장된 10여 명의 현우란 이름을 보여줬습니다. 물론 아직도 의외로 흔치 않은 이름이 있습니다. 제 이름이 그렇습니다. 아는 공무원이 알려주었는데 여자 장문정은 많지만 장문정이라는 남자 이름은 서울 시민 중 저를 제외하고 단 2명뿐이라더군요. 오랫동안 그 사실을 알고만 있었는데 그중 한 명을 우연히 만났습니다. 한국금융연수원에 지점장을 대상으로 강의를 하러 갔더니 수강생 중 한 남성의 책상 명패에 쓰인 이름이 저와 같아서 깜짝 놀랐습니다.

남들과 겹치지 않는 오직 나만의 이름을 갖고 싶은 건 외국인도 마찬가지인 것 같습니다. 최근 개명 신청을 했다가 판사에게 거절당한 해외 이름들입니다. 'Abc, Anal(똥꼬), Fuckmi, Sex Fruit, 2nd, Jaded(싫증난, Jade라는 이름이 많아서 싫증난다고 지음), Facebook, Yesgirl, Talula does the Hula from Hawaii(탈룰라가 하와이 훌라를 춘다)'라는 이름까지 등장했습니다.

몇 년 전 미국에서 LA 윌셔에 본사를 둔, 〈포브스〉 선정 미국 최고 은행 21위인 한 은행의 컨설팅 자문과 강의를 담당한 적이 있습니다. 2개의 은행(BBCN과 윌셔뱅크)이 합병돼서 새로 네이밍을 해야 했는데, 은행 이름이 우리말로 직역하면 참 밋밋했습니다. '희망은행(Bank of Hope)'이었거든요. 인종을 떠나 모든 고객에게 희망을 주자는 의미라고 합니다. 제가 네이밍이 너무 평범하다고 지적했더니 담당자가 "특허청에 등록된 120만 개 금융회사 이름과 중복되지 않는 이름 찾기가 너무나 어려웠습니다"라고 대답했습니다. 이처럼 어지간한 상품이나, 브랜드 이름은 이미 있습니다. 그런 만큼 새로운 멋진 이름 찾는 게 하늘의 별 따기입니다.

둘째, 기업이 출시하는 상품의 이름은 일정한 원칙과 법의 제약을 받아야 하는 경우가 많습니다. 함부로 이름을 짓다가는 관련 법규에 저촉되기 때문에 제약이 많습니다. 금융 상품의 경우 '무조건 10배 불려주는 펀드' '10배 보장되는 보험' 같은 이름은 짓지 못합니다. 만약 상품 네이밍을 마음대로만 할 수 있다면 저는 모든 건강식품 분야에서 판매 1등 할 자신이 있습니다. 제품명을 '고혈압 낮춰주는' '당뇨 낮춰

2부 상품의 얼굴을 만드는 시그니처 언어

주는' '100일 만에 암세포 죽이는' '시력 2.0으로 올려주는'으로 바꿔버리면 될 테니까요. 그러면 아마 시장은 일대 혼란에 빠질 것이고, 소비자는 보호받지 못할 겁니다.

셋째, 네이밍은 보통 마케팅 부서에서 짓는데, 그 상품 이름으로 세일즈를 하는 건 영업 부서입니다. 그러니 현장과 괴리가 자주 생깁니다. 제 책 《한마디면 충분하다》 중 '작명의 기술 편'을 본 많은 독자와 수강생이 "이미 상품 이름을 회사 마케팅 팀에서 거지같이 지어놨는데 제가 무슨 일을 할 수 있겠습니까?"라고 볼멘소리를 했습니다.

공감합니다. 이럴 때 묘책이 있습니다. 이미 정해진 상품 이름에 별도로 애칭 또는 별칭을 다는 겁니다.

상품 이름을 바꿀 여력은 안 되지만

애칭은 내 마음에 쏙 들 때까지 원 없이 만들 수 있습니다.

애칭의 역사

애칭의 역사는 사실 오래됐습니다. 사람들은 '도서관'에 오랫동안 애칭을 달아왔는데 주로 '문명의 기둥(pillars of civilization)' 또는 '지식의 관문(gateways to knowledge)'이라 일컬었습니다. 과거 독일 시인 괴테는 '인류의 기억(the memory of mankind)'이라고도 했습니다. 요즘 같으면 연인에겐 'A+ 데이트 장소', 취준생에겐 '꿈의 발판'이 되겠지요.

'꿀'은 과거 로마인들이 '하늘에서 내리는 이슬'이라 불렀습니다. 꿀에는 단백질, 비타민 A·B, 철분, 칼슘, 칼륨, 레티놀, 베타카로틴, 아연 등 영양이 넘쳐나며 항염제와 피로 해소제로도 사용되었기에 그릴 만도 합니다.

캐나다 밴프(Banff)에 갔는데, 절벽 사이에서 겨우내 얼었던 빙하

물이 쏟아졌습니다. 그래서 이곳이 '눈물의 벽'이라고 불린다고 합니다. 웃긴 건 미국, 호주에서도 물이 쏟아지는 절벽은 어김없이 '눈물의 벽'이라 불린다는 사실입니다. 이처럼 어느 나라를 가든 볼만한 경관에는 어김없이 애칭을 달아왔죠. 자연에는 원래 이름이 없는데 말입니다.

많은 이들이 어릴 때 어깨에 맞은 주사 흉터를 가리키며 무엇 때문에 맞은 예방주사냐고 물으면 분명 흔적이 문신처럼 남아 있음에도 왜 맞았는지 잘 모릅니다. '결핵 주사'라는 본칭보다 '불주사'라는 애칭을 써왔기 때문입니다.

우리는 '무선호출기'를 본래 명칭 대신 애칭인 '삐삐'로 불렀죠. 1990년대 PCS폰이 처음 나왔을 때 제가 근무하던 계열사 전 직원에게 한 대씩 무료로 보급했습니다. 그런데 애칭이 없으니까 폰 이름을 잘 부르지 않더군요.

"미국 수도는 어디지?"라고 하면 뉴욕이라고 답하는 이들이 있습니다. 미국 수도는 워싱턴 DC지만 뉴욕은 '세계의 수도'라고 불리고 세계 증시의 45%를 움직이는 '경제의 수도'라는 애칭으로도 불려왔기 때문입니다.

자주 접하는 사물에는 대부분 이름이 있지만 아직도 그 이름을 모르는 것들이 있습니다. 귤을 먹을 때 습관적으로 벗겨내는 흰색 실 이름은 뭘까요? 알베도입니다. 하지만 정식 명칭을 모르니 사람들은 부르지 못합니다. 즉 알베도는 슬픈 이름입니다. 물성은 존재하지만 인식은 죽었기 때문입니다. 상품도 불러주지 않으면 죽은 겁니다. **정식 명칭이 사라지고 애칭이 그 자리를 대신하고 있습니다.**

지리산 반달곰들에게는 이름이 없습니다. 대신 KM-46, KM-58 같은 관리 번호로 불립니다. KM은 'Korea Male(한국에서 태어난 수컷)'의 약자입니다. 대신 탐방객들이 애칭을 지어주었습니다. 예를 들어 KM-53은 오삼이, 방랑곰, 콜럼버스곰이란 이름이 있습니다.

지리산을 탈출해 수도산, 금오산, 영동, 남원 등에서 화려한 방랑을 하는 녀석이라 그렇습니다.

하지만 곰에게 이름을 지어주는 건 매우 위험한 행동입니다. 애칭이 생긴 지리산 곰들에겐 비참한 최후가 기다리기 때문입니다. 왜일까요? 방사된 곰들은 야생 곰으로 자연에서 생존해야 하기에 사람과 접촉하지 말아야 합니다. 그래서 반려동물처럼 이름을 지어주지 않은 겁니다. 그런데 등산객들이 어린 곰들에게 음식을 주면서 이름을 불러주니 곰들이 이름을 부를 때마다 다가와 음식을 받아먹기 위해 재롱을 부리면서 사람을 따르다가 결국 잡혀 철창에 갇힌 채 생을 마감하는 경우가 생깁니다. **이렇게 애칭이 생사를 결정짓듯 우리 상품도 그렇습니다.**

다른 예를 들죠. 자동차는 기술력이 생사를 좌우한다고 생각하세요? 요즘은 세단보다 SUV가 인기입니다. 또 그 SUV는 소형, 중형, 대형으로 분류합니다. 여기서 퀴즈!

소형, 중형, 대형 SUV를 분류하는 기준은 뭘까요?

모두 비슷한 생각을 할 텐데, 설문을 해보니 다음과 같은 순이었습니다. 1위 배기량, 2위 차 크기, 3위 차 가격.

정답은 모두 틀렸습니다. 그런 법적 기준 따윈 없습니다. 그저 제조사에서 만든 별칭일 뿐입니다. 높이가 얼마 이상이면 SUV라고 생각하세요? 그렇게 따지면 어떤 SUV는 세단보다 천고가 낮습니다.

마찬가지로 소형 SUV라는 기준도 없습니다. "당신은 기아자동차 쏘울을 뭐라고 부르시겠습니까?"라고 물었더니 박스카, 소형차, 심지어 경차라고 답하는 이들도 꽤 되더군요. "그러면 쏘울이 SUV라고 생각하십니까?"라는 물음에는 그건 아니라고 대답합니다. 다른 차로 눈을 돌려보죠. 현대 코나, 기아 스토닉, 쌍용 티볼리 아머는 모두 SUV라고 홍보하고 SUV로 인식합니다.

이제 크기를 비교해보죠. 쏘울의 차체 크기는 4,140×1,800×1,600mm입니다. 현대 코나는 4,165×1,800×1,550mm로 쏘울이 더 큽니다. 기아 스토닉도 4,140×1,760×1,520mm라 쏘울이 더 큽니다.

소형 SUV라고 부르는 차들보다도 SUV라고 부르지 않는 쏘울이 덩치가 더 큽니다. 쌍용 티볼리 아머도 4,205×1,795×1,595mm라서 쏘울과 사이즈가 비슷합니다. 그런데 희한하게 더 작거나 비슷한 애들은 SUV라고 부르지만 더 큰 쏘울은 SUV라 부르지 않고, 그렇게 인식하지도 않습니다.

이유가 뭘까요? 쏘울이 출시되던 2008년에 애매하게 세단도 아니고 SUV도 아닌 CUV라는 희한한 애칭을 달았기 때문에 실패하는 데 한몫했다고 봅니다. 그런 만큼 한국에서는 판매량 50위 안에 들지 못합니다. 반면 북미에서는 매우 인기 있는 차종입니다. 미 동부뿐 아니라 광활한 서부에서도 쏘울이 돌아다니는 모습을 심심치 않게 볼 수 있을 겁니다. 이처럼 애칭은 상품의 생사를 가를 수 있습니다.

상장된 가상화폐도 이름만 바꾸는 리브랜딩을 해서 급등시키는 일이 많습니다. MCI 코인은 2021년 6월 2일 싸이클럽으로 이름을 바꾸어 1시간 만에 가격이 30% 상승했고, 이후 2배 가까이 상승했습니다. 피체인은 플리안으로 변경한 후 가격이 60% 급등했습니다. 국내 4대 가상화폐 거래소에서는 지난 1년 사이 10여 개가 넘는 코인이 이름을 바꾸는 리브랜딩을 해서 가격이 급등했습니다.[11] 실제 코인 투자자 중에는 그 코인을 산 이유를 '엘프' '보라'처럼 단지 이름이 예뻐서라고 응답한 이들이 많습니다.

이처럼 애칭은 대상의 생사를 가를 수 있습니다.

---

11 '이름만 바꿨을 뿐인데 30% 급등…'이름 바꾼 코인' 주의보', 매일경제, 2021. 6. 3.

대중은 그게 좋은 방향이든 나쁜 방향이든 원래 이름은 무시하고 금세 애칭을 짓습니다.

'기상청'은 조금만 예보가 벗어나면 '구라청' '오보청' '중계청'이라는 별칭이 붙습니다. 임신부 배려석을 다른 말로 '꼰대 자리'라고 합니다. 임신부 배려석에 실제 임신부가 앉아 있는 경우는 별로 없어 늘 비어 있거나 꼰대만 꼿꼿이 앉아 있기에 붙은 별칭입니다. '오뚜기'라는 브랜드명이 평판이 좋아지니 '갓뚜기'가 되고 '대한항공'은 마카다미아 회항 갑질 사건 이후 '땅콩항공'이라는 애칭으로 불렸습니다.

예뻐 보여 샀는데 실용성이 떨어지면 어김없이 '예쁜 쓰레기'라는 애칭이 붙습니다. 자동차 선루프가 그렇습니다. 수백만 원 주고 옵션을 넣었는데 1년만 지나면 소음이 발생하는 데다 물이 새고 여름에는 햇빛이 뜨거워 사용하지도 못하고 충돌 사고 시 유리 조각이 머리 위로 떨어진다는 이유에서입니다.

참고로 제가 근래에 본 예쁜 쓰레기는 스위스 시계 브랜드 할디만(Haldimann)의 1억 9,000만 원짜리 H9 리덕션(H9 Reduction)입니다. 겉에는 시간 표시는커녕 아무것도 안 보이는 깜깜한 화면입니다. 내부에서만 시계가 돌아간다네요. 보나마나 장황한 철학적 이야기를 늘어놓겠구나 싶어서 찾아봤더니 역시 제작자는 시간이란 상상할 수 있고 꿈꿀 수 있고 발명될 수 있는 거라서 시간을 표시하지 않는 시계를 만들었다고 선언했더군요. 제겐 말 같지도 않은 얘기입니다. 삶에 아무 도움이 안 되는 예쁜 쓰레기니까요.

존재하지 않지만 존재하는 일명 '짜증 유발 모드'가 있습니다. 가전 기술이 진보하다 보니 불필요한 기능을 많이 삽입하게 되고, 그 과정에서 사용자가 오히려 불편을 느끼면 해당 기능을 짜증 유발 모드라고 명명합니다. 'GIF 애니메이션'이라는 정식 명칭을 쓰는 사람 봤나요? '움짤'이라는 애칭을 씁니다. 유선 이어폰에서 무선 이어폰으로 넘어가던 시절 "나 유선 이어폰에서 무선 이어폰으로 바꿨어"라고 말하지 않았죠. "칼국수에서 콩나물로 갈아탔어" 또는 "강낭콩으로 바꿨어"라고 했죠.

대중은 애칭을 참으로 사랑합니다.

" 애칭으로 포장하라 "

10년도 안 된 이야기입니다. 어느 수의사가 말하길 손님들이 병원에 동물을 데리고 들어와 이름이 뭐냐고 받아 적을 준비를 하면 이름 말하기를 쑥스러워한다는 겁니다. 그런데 요즘은 내가 낳은 자식 이름 부르듯 합니다.

저는 일본산 개량종 미니 토끼를 키우는데, 흔치 않은 반려동물이다 보니 아파트 주민들이 다 압니다. '오구'라고 이름 지었는데요. 몸줄에 달고 아파트 내 산책로를 거닐면 이웃들은 제 이름은 몰라도 "오구 아버님, 안녕하세요"라고 인사를 하면서 오구를 향해서도 "오구, 안녕" 하고 정겹게 손을 흔듭니다. 그만큼 시대가 변한 겁니다.

한번은 반려동물 돌봄 서비스를 컨설팅했는데, 홍보 문구에 개, 고양이란 단어는 다 뺐습니다. 요즘 개, 고양이라고 부르면 사달이 납니다. 엘리베이터에서 이웃이 개를 안고 탔는데 "어, 개네" 해보세요. 기분 나빠할 겁니다. 개는 댕댕이, 고양이는 냥냥이라고 불러야합니다. 그래서 홍보 문구도 개, 고양이를 댕냥이로 바꿨습니다.

상품 애칭은 변신 로봇(fluctuating) 같습니다. 특정 단어의 어감이 당시에는 문제가 없었으나 언어 트렌드가 워낙 빨리 변하다 보니 나중에 부정적 어감으로 받아들이는 경우가 있습니다. 이럴 때 뒤늦게 네이밍을 바꾸려면 상품의 아이덴티티가 흔들립니다. 그렇지만 애칭은 상관없습니다. 시대에 어울리게 붙이면 됩니다. 시대가 변해가면 그에 맞게 바꾸면 됩니다. 애칭은 변신 로봇처럼 시장에 맞게 얼마든 변형 가능합니다.

공연계에선 뮤지컬, 연극, 콘서트 등 동일 작품을 여러 번 관람하는 관객을 '회전문 관객'이라 칭합니다. "회전문 관람 오신 분은 공연 후 앞쪽으로 모여주시면 선물 드립니다"라고 하면 아는 이만 알아듣습니다. 반도체업체는 반도체를 '산업의 쌀'이라 부릅니다. 쌀이 밥상에서 없어서는 안 되는 것처럼 산업에서 필수라는 비유입니다. 비슷한 맥락에서 '김'은 수출 효자 상품입니다. 그러니 '검은 반도체'라는 표현은 어떻습니까?

저는 행정안전부가 지원하고 〈디지털타임스〉가 주관하는 골목 상권 소상공인 살리기 프로젝트 마케팅 자문 위원을 맡고 있다고 앞서 말했습니다. 엄선한 분야별 전문가가 20명인데, 이들을 일컬어 전문위원이라는 본칭이 아닌 '디따 해결사'라는 애칭으로 홍보합니다. '디따 좋아'에서 따온 말인데, 이처럼 과거에는 비속어처럼 여겨졌던 것이 이제는 엄연한 명칭으로 자리 잡았습니다.

숨 안 쉬는 기계에도 애칭을 답니다. '수소차'에는 '움직이는 공기청정기' '도로 위의 진공청소기'라는 애칭을 붙입니다. '노지귤'보다 성격을 표현할 때 쓰는 '츤데레귤'이라는 애칭을 쓰면서 겉은 까칠하지만 속살은 달콤하다고 홍보합니다. 화장품도 용량이 많은 제품을 '대용량'이라 하지 않고 '집순이템'이라 내세웁니다. '수분크림'보다 '수분꼭잠금크림'이 낫습니다. '가슴골을 모아주는 OO브래지어입니다'보다는 '영끌브라(영혼까지 끌어모아주는 브라)'라는 애칭을 붙이는 게 낫습니다. 그 밖에 아래처럼 쉽게 애칭을 달 수 있습니다.

경차 → **서민의 발**

아보카도 → **숲속의 버터**

즉석카메라 → **찰나의 유일한 기록**

털부츠 → **보일러 부츠**

대사증후군 → **죽음의 5중주**

경부고속도로 → **국가대동맥**

여행 → **영혼의 비타민**

음이온 → **공기의 비타민**

2부 상품의 얼굴을 만드는 시그니처 언어

스마트폰 　　→ **내 손안의 비서**

침대 　　　　→ **안식의 거처**

당신도 자신만의 브랜드, 상품, 혹은 자신을 애칭으로 포장해보십시오. 특히 당신을 처음 접하는 사람들이라면 신기하게 그 애칭으로 당신의 전부를 판단하고 정의 내리게 될 겁니다.

그것도 단 1초 만에 말이죠.

" 네임보다 펫네임 "

을지로는 요즘 젊은이들 사이에서 한참 뜨는 힙(hip)한 곳이라고 해서 '힙지로'라는 애칭으로 더 자주 불립니다. 인터넷에 '을지로 맛집'보다 '힙지로 맛집'이라고 검색해보면 숨겨진 재미난 맛집이 더 많이 뜬다는 걸 확인할 수 있습니다. 그만큼 애칭의 힘은 강합니다.

방문판매를 전문으로 하는 화장품 브랜드 코리아나 워크숍 행사를 맡았는데, 참석한 분들을 뭐라고 부를까 고민했습니다. '여사님?' 왠지 시대에 뒤처진 듯 어색한 느낌입니다. '사장님?' 부담스럽습니다. '아줌마?' 말도 안 되죠. 그래서 고민하다가 **방판소녀단**이라는 애칭을 달아드리니까 아주 즐거워들 하시더군요.

제가 운영하는 회사들은 이니셜을 사용합니다. 하지만 정말 원한 회사 이름은 따로 있었습니다. '현장박치기돌격대'입니다. 늘 현장에서 부딪히며 일하고 매출이 즉시 발생하게 해주는 집단이란 원색적 의미입니다. 주변에서 모두 뜯어말려 참았지만 아직도 아쉽습니다.

다음은 세 가지 건강식품의 판매 세일즈 영상을 만들 때 직접 만든 애칭입니다.

첫째, 오메가3입니다. 혈액순환을 담당하는 심장의 중요성을 부각하고 싶어 심장의 애칭을 '**생명의 시작과 끝**'이라고 달고 이런 멘트를 생성했습니다. '생명이 시작되면서 심장은 뜁니다. 밤에 모든 장기가 잠을 자지만 유일하게 잠들지 않는 기관은 심장입니다. 그 심장이 멈추는 순간 생명은 끝납니다.'

둘째, 밀크시슬입니다. 간의 중요성을 강조하기 위해 이런 애칭을 달았습니다. '사람 몸에 들어오는 모든 **세균을 지키는 관문**' '**독소를 걸러내는 필터**' '**세균을 막아내는 건강 방패**', 그리고 이어서 '정수기 필터야 때가 쌓이면 필터를 교체하면 되지만 간은 독소가 쌓이면 교체할 수 없습니다. 방패도 과거 군인들은 정기적으로 기름칠을 했다고 합니다. 그래야 적의 화살이 튕겨 나가기 때문입니다. 당신의 간은 그런 관리를 하고 계십니까? 내 생명과 영원히 함께 가는 소중한 장기를 위해 얼마나 돈을 쓰십니까?'라고 썼습니다.

셋째, 루테인입니다. 건강식품은 약으로 오인될 우려가 있기에 광고 심의상 병명을 직접 언급할 수 없습니다. 특히 백내장을 겪는 인구가 폭발하고 있기에 백내장을 애칭으로 우회해서 표현했는데, 바로 '**뿌연 안경**'입니다. '미세 먼지가 자욱한 날, 얼마나 답답하세요? 수정체가 혼탁해지는 백내장은 마치 오랫동안 닦지 않아 뿌연 안경 같은 시야로 세상을 보는 것과 같습니다.'

제가 유병자보험 세일즈 영상을 제작하면서 '치매 환자 가족'을 환자를 돌보느라 경제적, 신체적, 감정적 소진을 하는 또 다른 '**숨겨진 환자**'라는 명칭으로 불러 고객들에게 좋은 반응을 얻기도 했습니다.

외국인이 많이 다니는 북촌에서 한복 사업을 겸했는데 한복이란 이름을 아예 빼버렸습니다. 대신 움직일 때마다 바람에 하늘거리며 다채로운 색과 멋이 돋보이는 '**바람의 옷**'이라는 애칭으로 홍보를 하니 외국인 호응이 좋았습니다.

애칭은 상품명보다 표현의 한계가 없기에

더 다채롭고 감각적으로 입혀나갈 수 있습니다.

애칭만의 강점

상품명에 근사한 애칭을 달면 최소 여덟 가지 장점이 생깁니다.

> **상품 애칭의 여덟 가지 장점**
>
> 1. 관련 법규의 적용을 덜 받는다.
> 2. 세일즈 현장 상황에 맞는 애칭을 달 수 있다.
> 3. 트렌드가 바뀌면 언제든 바꿀 수 있는 긴밀한 대처가 가능하다.
> 4. 감성적 기운을 북돋운다.
> 5. 마케팅 비용이 상대적으로 적게 든다.
> 6. 소비자 친밀도가 높아진다.
> 7. 소비자 기억 회상력(recall)을 높인다.
> 8. 전달하고자 하는 이미지를 신속히 심어준다.

우선 첫째, 애칭은 정식 상품명이 아니기 때문에 상품 포장 문구와 표시 광고 심의 규정에서 상대적으로 자유롭습니다. 이는 굉장한 장점으로, 상품 네이밍은 법규상 매우 한정적인 표현만 가능한데, 법의 속박에서 자유롭다면 그만큼 사용할 수 있는 어휘가 늘어나기 때문입니다.

둘째, 마케팅 부서에서 만든 명칭이 현장에 어필하지 못할 때 세일즈 현장 상황에 맞는 것으로 대체할 수 있습니다. 실제 출시된 상품명과 상관없이 시장 반응에 따라 전혀 다른 이름으로 불리는 경우가 종종 있는데, 그 이름을 애칭으로 삼아 전면에 내세우면 훨씬 큰 호응을 이끌어낼 수 있습니다. 그래서 제가 컨설팅하는 한 이미용 브랜드는 일단 제품을 출시하고 현장의 소리를 청취한 뒤 소비자가 피드백을 가장 많이 준 단어를 서브 마케팅명으로 차용하기도 합니다.

셋째, 소비 트렌드는 카멜레온처럼 쉽게 바뀌는데, 그때마다 제품 포장 이름을 바꿀 수는 없지만 애칭은 언제나 변하는 유행과 시즌에 긴밀하게 대처할 수 있습니다.

넷째, 네이밍은 딱딱하지만 애칭은 매우 감성적인 분위기를 불러일으킵니다. 가령 '신화온수매트'라는 가상의 제품명이 있다고 칩시다. 애칭을 노곤노곤매트, 나근나근매트, 뜨끈뜨끈매트, 후끈불끈매트라고 지으면 보는 순간 감성적인 느낌을 주죠.

다섯째, 네이밍은 전문 업체에 외주를 줘도 비용이 높습니다. 그러나 애칭은 비용이 적습니다. 상품 네이밍을 만들고 또 그것을 CF에 반영하거나 홍보를 하고 시장에서 통용시키고 부각하는 데 들어가는 마케팅 제반 비용은 꽤 높지만 애칭은 비용을 절감시킬 수 있습니다. SNS나 상세 페이지 제목에 노출하기만 하면 되니까요. 애칭의 나머지 세 가지 강점은 특히 중요하기에 확실히 인지하기를 바라는 뜻에서 좀 더 자세히 설명하겠습니다.

소비자 친밀도가 높아진다

애칭을 쓰면 소비자 친밀도가 높아집니다. 남녀가 만나 연인으로 발전하면 친밀한 애칭이 서로의 이름을 대신합니다. 부부가 되면 친근감의 표시로 이름보다 자기, 여보, 그 외 그들만의 애칭을 쓰는 것처럼 상품 애칭도 친밀감을 높이는 역할을 합니다.

예를 들어보죠. 혹시 베니하루카(べにはるか)를 먹어보셨나요? 대부분 이 질문을 던지면 못 먹어봤다고 답합니다. 한국 토종 고구마는 진율미, 풍원미 같은 건데 베니하루카는 일본산 고구마 품종입니다. 맛있을까요? 보통 수박, 복숭아가 12브릭스만 되도 매우 달아서 잘 샀다고 합니다. 그런데 베니하루카는 수확 후 2~3개월이 지나면 당도가 무려 27브릭스가 되는 터라 그 어떤 고구마도 따라오지 못하는 독보적인 단맛을 냅니다. 노랗고 촉촉한 것이 먹어본 사람들은

기가 막히게 달다고 감탄합니다. 외관도 울퉁불퉁하지 않고 갸름하면서 매끈합니다. 빛깔 또한 매력적이죠.

말만 들어도 근사하지요? 먹어보고 싶어 당장 검색할지 모릅니다. 하지만 한국에서는 키울 수 없는 절대 반입 불가 품종입니다. 농림축산검역본부에 따르면 국내에 재배용으로 반입된 적이 한 번도 없습니다. 이 역대급 단맛 나는 고구마를 왜 수입하지 못할까요? 개미바구미 같은 금지 해충이 서식한다는 이유로 그렇습니다. 여기까지만 들으면 슬프고 안타까우실 겁니다. 하지만 사람들이 이 단맛을 놓칠 리 없지요. 몰래 들여와 현재 국내 고구마 전체 재배 면적의 40%를 점령했습니다. 그 정도면 분명 먹어봤을 텐데요. 맞습니다. 이미 맛있게 먹고 있습니다. 바로 꿀고구마입니다. 예전에는 퍽퍽한 밤고구마를 먹었지만 어느 순간 촉촉하고 노란 꿀고구마를 즐기고 계시죠? 바로 우리가 꿀고구마라고 부르는 것이 베니하루카입니다. 애칭이 본칭을 앞선 겁니다.

이처럼 상품 이름을 치면 그 상품명보다 범용적으로 통용되는 친근한 애칭이 뜰 때가 있습니다. 우리가 흔히 쓰는 '잡초'라는 말도 정식 이름이 아닙니다. 애칭일 뿐이죠. 사람들은 잡초 따위에 이름이 있을 거라고는 생각하지 않습니다. 잡초라는 식물에도 엄연히 이름이 있습니다. 일년생 잡초는 피, 물달개비, 밭뚝외풀, 알방동사니, 여뀌비늘, 가막사리 등이고 다년생 잡초에는 올방개, 올챙이고랭이,

벗풀이 있습니다. 이렇게 엄연한 이름을 놔두고 우리는 잡초라는 친근한 애칭을 쓰고 있습니다.

애칭은 회상력을 높인다

혹시 다음의 휴대폰들이 기억나십니까?

쿠키폰, 톡톡폰, 잼밴드폰, 오마쥬폰, 안드로원폰, 시리우스폰, 프리스타일폰, 웹파이폰, 스포티브폰, 이자르폰, 스마트볼폰, 미라크폰, 넥서스원폰, 브릭스폰, 아트릭스폰, 야누스폰, 옵티머스Z폰, 옵티머스EX폰, 옵티머스원폰, 옵티머스 마하폰….

2000년대 중반부터 2010년대 초반까지 제가 홈쇼핑에서 방송했던 폰의 이름 또는 애칭입니다. 언급한 폰들은 수십만 대 판매되었거나 각 브랜드에서 1위를 했던 제품, 당시 가장 잘나가던 폰이 대부분입니다. 과거 TV를 켜면 허구한 날 장문정이 이 폰들을 들고 소개하는 모습을 보셨을 겁니다.

하지만 이 중 기억나는 이름이 있나요? 다시 살펴봐도 기억나는 기종이 거의 없을 거예요. 오히려 낯선 단어일 겁니다. 그만큼 소비자 기억은 휘발성이 강합니다. 당장 증명되지요? 그래서 지금도 신제품이 출시되면 병풍폰, 상소문폰 등 제조사는 애칭부터 달기 바쁩니다. 잘 포장해야 각인이 더 잘되기 때문입니다. 멋진 애칭으로 포장해야 하는 이유가 여기 있습니다.

애칭은 기억 회상력(recall)을 높입니다. 상품 이름은 가물거려도 애칭은 껌처럼 머릿속에 딱 들러붙습니다. 요즘은 정식 상품명이 기억나지 않으면 애칭을 검색하곤 합니다. 따라서 SNS의 해시태그에 애칭을 함께 붙이면 홍보 효과가 극대화되어 입소문 마케팅으로 작용합니다. 화장품 브랜드 에스티 로더의 '어드밴스드 나이트 리페어'의 이름은 몰라도 '갈색병'이라는 애칭은 쉽게 기억합니다.

그래서 요즘은 상품을 출시하면서 마케팅명, 즉 애칭도 함께 짓습니다. 미국 생활용품 브랜드 존슨앤존슨은 '액티브 키즈 샤이니 샴푸' 중 핑크는 '공주샴푸'로, 블루는 '용감샴푸'로 부르고, 멘톨을 넣어 코를 시원하게 해주는 '베이비 수딩 바포 바스'는 '감기바스'라 내세웁니다. 이러면 제품명보다 애칭으로 더 쉽게 기억됩니다. 맘스터치 대표 메뉴 싸이버거는 입 찢어질 정도로 크다고 '입찢버거'라는 애칭으로 불립니다.

성형외과, 피부과를 떠올리면 치료를 받은 적이 없는 사람이라도 얼굴에 레이저를 쏜다는 것 정도는 압니다. 그런데 돈을 들여 피부과에 다니는 분들도 레이저 기기의 원리와 종류에 대해서는 대부분 잘 모릅니다. 소위 토닝이라 불리는 기기에는 종류가 이렇게 많습니다.

토닝 기계의 원리를 설명해줘도 여전히 무슨 말인지 잘 모릅니다. 상담실장은 "에너지 파라메타를 몇 나노미터의 파장으로 피부에 침투시켜 광열 작용을 통해 피부 속 섬유 세포를 자극하는 원리예요" 라고 설명하지만, 고객은 그저 피부에 좋은가 보다, 정도로만 생각합니다. 그래서 피부과는 아예 기계 이름에 애칭을 달았습니다.

애칭

지우개토닝, 기미제로토닝, 샤넬토닝, 물광토닝, 미백토닝….

이러면 기억 회상력이 훨씬 높아집니다. 누구나 내 상품과 브랜드가 오래 기억되길 바랍니다. 그렇다면 한번 들으면 잊히지 않을 애칭을 만들어보세요.

애칭은 신속하다

상품도 애칭을 쓰면 고객에게 한결 빠르게 다가갈 수 있습니다. 애칭은 상품의 모든 속성을 신속하게 대변하며 이를 직관적으로 소비자에게 인식시킵니다.

은행들이 초고속 모바일 신용 대출 서비스를 내놓고 있습니다. 스마트폰으로 신용 대출 한도를 조회하고 신청하기까지 3분이 채 걸리지 않습니다. 이 서비스 이름은 따로 있습니다. 하지만 그들은 창구에선 '컵라면 대출'이라고 하면서 컵라면이 익는 시간이면 대출 절차가 완료된다고 고객에게 빠른 속도를 강조합니다.

정관장 브랜드의 홍삼을 오랫동안 판매했는데, 홍삼의 기능성 중 '면역력 증진'이 있습니다. 그런데 지금도 그렇지만 법 규정상 홍삼을 먹으면 면역력이 증진된다는 직접적인 말을 상업방송에서 할 수가 없었습니다. 과거에 그 때문에 고심하다가 제가 '면역력' 대신 **'인체의 보호막'**이란 신속한 애칭을 써서 매출 상승에 성공한 적이 있습니다. 이후 정관장 CF까지도 사람들이 비눗방울 같은 보호막을 쓰고 다니는 콘셉트를 오랫동안 사용해서 재미를 봤습니다.

홈쇼핑에서 주문 대기가 길어지면 쇼호스트들은 입버릇처럼 "자동 주문 전화를 이용하세요"라고 외칩니다. 저는 자동 주문 전화라는 말 대신 기다리지 않고 바로 주문이 된다는 의미로 **'합법적 새치**

기'라고 불렸습니다.

'재선충'이라는 병명보다 '나무의 에이즈'라는 말이 더 빨리 와닿습니다. '작은소참진드기'라고 하면 아무도 모릅니다. 이 정식명을 두고 **'살인진드기'**라고 기사로 내보냈더니 이것이 공식 이름인 줄 압니다. 이후 뉴스 기사에서 타이틀을 작은소참진드기라고 표현한 경우를 못 봤습니다. 살인진드기라는 명칭이 더 신속하게 메시지를 전달하니까요.

같은 맥락으로 한국에서 '장수말벌'로 불리는 말벌의 미국 이름은 '아시아 거인 말벌(Asian Giant Hornets)'입니다. 어쩌다 보니 애네들이 미국으로 건너가 30분 만에 꿀벌 3만 마리를 몰살시킨 외래종으로 낙인찍혔습니다. 그러자 중립을 지켜야 할 뉴욕타임스, LA타임스, CNN, UPI통신 같은 정론지가 앞다퉈 정식 이름 대신 **'살인말벌(murder hornets)'**이라는 자극적인 애칭을 썼습니다. 이름만 살짝 바꾸니 부연 설명 없이도 이 말벌의 특징이 머릿속에 1초도 안 되어 신속히 각인됩니다.

제품 말고 판매자 또는 사람 자체를 셀프 브랜딩(퍼스널 브랜딩)할 때도 애칭이 통합니다. 제 이름은 장문정이지만 여러 애칭이 있습니다. 어릴 때는 친구들 사이에서 '눈큰애'로 불렸고, 홈쇼핑 생방송을 3,000시간 하면서 붙은 애칭은 '악어' '작두도령' 등이었습니다. 고객을 물면 놔주지 않는다고 해서 악어였고, 작두도령은 상품 설명을 할 때 신들린 듯 마치 맨발로 작두 위에 있는 것 같다고 해서 스태프들이 붙여준 애칭입니다. 직접 판매 영상(세일즈맨의 디바이스에서 고객에게 직접 보여주는 세일즈 영상)을 한국 시장에 처음 내놓으면서 '영상 마케팅계의 선구자'라고 말했다가 '영상 마케팅계의 문익점'이라고 애칭을 바꾸니 입지를 더 굳힐 수 있었고, 어필이 되더군요.

미국에서 제 소개를 할 때는 '딥 보이스(Deep Voice) MJ'라는 애칭을 붙입니다. 제 목소리가 저음이다 보니 처음 접하는 미국인들이 제게 많이 하는 말이기에 스스로 붙인 별명인데, 현지에서 통하더군요. 이러닝 플랫폼에서 강의하고 코칭을 하면서 한 수강생에게 들은 말 중에서는 '프로의 살아 있는 칼'이란 애칭을 사랑합니다.

한 기업의 마케팅 자문 위원으로 선정되어 첫 회의에 참석했을 때 제 애칭을 칼을 가는 '숫돌'이라 소개했습니다. 그리고 이런 말을 덧붙였습니다. "우리는 시간과 노력이 아니라 결과에 초점을 맞춰야 합니다. 물리적 시간을 얼마나 보냈는지는 중요하지 않습니다. 무딘 도끼로 10시간 나무를 찍어봐야 힘만 축납니다. 한 방에 베어버릴 수 있게 도끼부터 갈아야 합니다. 여러분을 그렇게 날이 서 있는 도끼로 만들어드릴 숫돌이 되겠습니다."

면접을 하는 입장이라면 면접관 앞에서 심심하게 이름 석 자만 얘기하지 말고 이름 앞에 나를 대표하고 각인시킬 수 있는 애칭을 붙여보세요. 예를 들면 "가을 겨울 낙엽 추동엽입니다" "마음은 영상 이름은 영하 김영하입니다" 하는 식이죠. 그러면 이 책을 덮더라도 평범한 이름이 기억에 새겨질지 모릅니다. 사실 추동엽, 김영하 씨는 얼굴도 기억이 잘 안 나는 25년 전 그룹 입사 동기로, 예로 든 멘트는 그들이 면접 때 처음으로 한 말이었습니다.

당신도 스스로에게 1초 만에 각인되는 멋진 애칭을 만들어주십시오.

한국인도 이제는 서양인 못지않게 치즈를 사랑합니다. 한국인 1인당 1년 치즈 섭취량은 2.5kg이나 됩니다.[12] 한국에서 치즈는 1964년 지정환 사제가 산양 2마리로 시작한 것이었는데, 처음에 한국 사람들은 우유가 걸쭉해져 굳은 것을 상했다며 거부감을 갖고 받아들이지 않았습니다. 이해가 안 갈 수도 있는데, 한국에서 떠먹는 플레인 요구르트가 처음 나왔을 때 제 친형이 그걸 처음 사 먹고 상한 줄 알고 동네 슈퍼에 가서 환불을 받았어요. 재미난 건 슈퍼 주인도 보더니 "아이코, 상했네요"라면서 환불해주더라는 거죠. 마찬가지로 치즈라는 단어 자체를 모르니까 당연한 겁니다. 그때 '이것은 치즈입

---

12 낙농통계연감, 낙농진흥회, 2019.

니다'라고 학습시키기보다 '**우유로 만든 두부**'라는 애칭을 써서 반감을 극복했습니다.

엘지유플러스의 가정용 보안 서비스를 컨설팅했는데, 집 안에 CCTV를 설치하고 외부에서 스마트폰으로 빈집에 있는 반려동물이나 자녀 모습을 실시간으로 볼 수 있는 서비스입니다. 아직까진 시장 성숙도가 높지 않아서 소비자 학습이 필요한 상품입니다. 매장에 요금을 물어보거나 기능을 설명 들으러 들어온 고객한테 이걸 어떻게 한마디로 설명할 수 있을까 고민하다가 제가 만든 애칭은 이겁니다. '**내 손안의 상황실**'

영화를 보면 상황실에서 편히 앉아 돌아가는 모든 상황을 지켜보잖아요. 거기에서 착안한 겁니다. 이후 신문에 이 애칭이 그대로 실렸고, 매장에서도 이 애칭으로 고객을 맞고 있습니다.

엘지유플러스 반려동물 케어 서비스 컨설팅을 맡았는데, 월정액을 납부하면 로봇 장난감과 CCTV를 제공하는 서비스였습니다. 로봇 장난감은 움직이면서 반려동물과 놀아주고 입에서 간식도 뱉어내며 반려동물의 분리불안증과 외로움을 덜어줍니다. 집 안에 설치하는 CCTV는 마이크가 내장되어 집 밖에서 주인이 자신의 스마트폰으로 집 안 반려동물을 볼 수도 있고 말을 걸 수도 있습니다.

이 상품의 기존 이름과 홍보 문구는 이렇습니다.

'U+스마트홈 펫케어란? 이런 개 펫라이프의 묘미'

이해되세요? 이건 딱 봐도 광고대행사가 만든 문구죠. 광고와 세일즈는 별개입니다. 현장 사원에게 필요한 건 예쁜 문구가 아니라 실제 판매로 이어지는 세일즈 지향 문구입니다. 제 설명이 없었다면 이 낯선 문구만 보고 한눈에 대체 뭘 제공하는 상품인지 알아채겠습니까? 다음은 제가 상품명은 놔두고 애칭을 입혀서 다시 작업한 문구입니다.

'반려동물 인공지능 돌봄 서비스' '나홀로 댕냥이 돌봄 서비스'

또 이런 애칭과 함께 서브 애칭을 다는 것도 방법입니다. 아래 예시입니다.

나홀로 댕냥이 돌봄 서비스

– 눈(보고) 귀(듣고) 입(대화하고) 손(놀아주고)으로 케어하는 로봇 집사

이러한 애칭 기법은 낯설고 소비자 학습이 안 된 상품을 쉽게 받아들이게 합니다.

축산업에서 사용하는 '동물 복지'라는 말도 낯선 단어입니다. 뜬장에 가둬놓지 않고 흙을 밟고 다니도록 어느 정도 풀어놓고 키운다는 거죠. 그런데 여전히 익숙하지 않고 딱딱한 데다 무슨 말인지 와닿지 않습니다.

'살아 있는 동안은 행복하게' 또는 '풀어 키운 동물'

이런 애칭을 달면 훨씬 쉽고 마음이 느껴질 겁니다.

예전에 제가 AED 자동 제세동기를 심장 충격기라는 이름으로 바뛰어야 한다고 늘 주장했는데, 그렇게 바뀌었죠. 이제는 또 바뀌어야 합니다. **심쿵**이라는 애칭으로 말입니다. 실제 '심쿵이를 기억해주세요'로 홍보하고 있습니다.

반도체 산업의 핵인 희토류란 낯선 단어를 설명하거나 이해할 수 있습니까? '원자번호 57번부터 71번까지 15개 원소에 스칸듐과 이트륨을 포함시킨 총 17개의 원소'라고 정확히 설명하면 와닿나요?

이것보다는 **'IT 산업의 비타민'**이라는 애칭이 낫습니다. 비타민은 신체에 소량만 필요하지만, 없으면 안 될 필수영양소인 것처럼 희토류도 아주 극소수의 금속으로 존재하지만 IT 산업에 없어서는 안 되기 때문입니다.

건강식품 시장은 과포화 상태 같지만 여전히 낯선 식품이 등장합니다. 그런 것들을 처음 소개할 때 역시 애칭을 다는 겁니다. 예를 들어 관절과 연골 건강에 도움을 주는 보스웰리아는 처음 한국 시장에 등장했을 때 꽤 낯설었기에 인도 고산지대 모래 폭풍을 견디면서 유향나무 한 그루에서 극소량만 나온다고 해서 **'사막의 진주'**라는 애칭을 붙였습니다.

" 애칭을 상품명으로 "

요즘에는 애칭과 상품명의 경계가 무너졌습니다. 상품명인지 애칭인지 구별이 안 될 정도로 상품 이름 자체를 애칭처럼 짓는 것도 대세입니다.

쌀 이름을 몇 개나 아세요? 밥은 매일 먹지만 정작 그 쌀의 원래 이름을 아는 이는 별로 없습니다. 한국 쌀 품종의 대표 주자는 2004년 등록된 '삼광'과 '신동진'이고 이천시가 2017년 개발한 '해들'도 강세입니다. 일본 쌀인 '추정'과 '고시히카리'는 2019년 기준 전체 벼 재배 면적의 9%를 차지합니다. 일본 쌀이라니? 한국 땅에서 일본 쌀이 9%나 재배되고 있습니다. 모르셨죠? 비밀은 애칭 전략을 쓰기 때문입니다. 예를 들어 고시히카리에서 파생된 일본 쌀 '히토메보레'는 이 이름을 포장지에 써놓지 않고 **'한눈에 반한 쌀'**이라는 애칭을 정식 이름으로 쓰기 때문에 모르고 있는 겁니다.

농민에게는 농작물의 원흉 멧돼지가 골치입니다. 울타리도 덫도 소용없습니다. 그런데 농자재 전문 기업 파인아그로에서 획기적인 상품이 나왔습니다. 농작물에 뿌리기만 하면 멧돼지가 후각을 자극해서 기피하게 되고 섭취 시 불쾌감을 유발해서 먹지 않게 되는 기피제입니다. 천연 소재라서 사람과 작물에 안전하고 토양에 잔류하지도 않고 한번 뿌리면 3개월간 유지됩니다. 이 제품의 이름은 '**멧돼지가라**'입니다. 상품명이 애칭스럽지요?

이러닝 클래스101의 수강생 윤창헌 대표는 우산 비닐 커버 사용이 금지되면서 빗물 제거기를 개발했습니다. 우산을 집어넣고 이리저리 털면 빗물이 떨어지는 건데 안타깝게도 80% 정도만 제거됩니다. 그래서 이런 제품군을 빗물 제거기라 하지 않고 빗물 털이기라고 바꾸었습니다. 그리고 제품명은 '**레인탈탈**'이라고 정했는데 이름만 들어도 무슨 일을 하는지 아시겠죠? 거기에 제가 만들어드린 콘셉트 문구를 덧대면 더 확실해집니다.

폭우가 와도 내 건물 보송보송 레인탈탈

빗물 꼼짝 마 레인탈탈

지저분한 우산 비닐 안녕 레인탈탈

부산은행에 강의를 갔더니 '소액으로 적금 시작하세요'라는 카피를 단 상품이 보이던데 네이밍이 **'담뱃값 적금'**입니다. 이름만 들어도 누구나 쉽게 도전해볼 만합니다. 한국대학교육협의회가 운영하는 대입 정보 포털은 어느 대학교에 갈까 고민하는 이들이 이용하는 곳으로, 명칭이 **'어디가'**입니다.

TDS(Total Dissolved Soild) 측정기를 아세요? 칼슘, 마그네슘, 철분 등 미네랄 성분을 포함한 고형 물질이 물속에 얼마큼 녹아 있는지 측정하는 기계를 말합니다. 수돗물 정수장 등에서 많이 사용되었으나 염도, 당도도 측정이 가능하기에 단체 급식이 이뤄지는 학교, 군대, 병원은 물론 최근 가정 수요도 많아지고 있습니다. 제품 이름이 **'기미상궁**(임금이 음식을 드시기 전에 맛을 보는 상궁)'입니다. 기계 센서가 사람 미각처럼 느껴집니다. 생활용품업체 생활공작소가 판매하는 제품명은 하나같이 애칭 같습니다.

황사, 자비 없어 문전박대 황사 방역용 마스크

습기의 영혼까지 끌어모으는 제습제

여보, 먹었으면 치워야지 주방 세제

아이고 예쁜 내 식기들 식기세척기 세제

굶지 마 두유

제가 요즘 잘 까먹어요 직화육포

아울러 펀(fun)슈머를 잡아야 합니다. 배달의 민족으로 알려진 우아한형제들이 애경과 협업해 출시한 칫솔은 '**이쓸 때 잘해**', 치약은 '**이빨청춘**'입니다.

이런 재미있는 제품명은 소비자가 자발적으로 SNS에 올리기에 돈 쓰지 않고 홍보도 하게 합니다. 애칭에 재미와 유희가 더해지면 회상력도 높아지기 마련입니다.

입술에 바르는 틴트 색깔 이름은 붙이기 나름입니다. 다음은 제가 마케팅 컨설팅 또는 세일즈 코칭한 이미용 회사의 상품명 비교입니다. 먼저 아모레퍼시픽 라네즈의 립입니다.

아모레퍼시픽 라네즈 레이어링 립의 컬러 네이밍

레인보우 판타지(Rainbow Fantasy), 밀크 블러링(Milk Blurring), 젤러시 레드(Jealousy Red), 오렌지 플레져(Orange Pleasure), 위티 코랄(Witty Coral), 얼루어링 레드(Alluring Red), 어썸 핑크(Awesome Pink), 크러쉬드 핑크(Crushed Pink), 콰이어트 핑크(Quiet Pink), 테이스티 샐몬(Tasty Salmon), 무디 레드(Moody Red), 스터번 브릭(Stubborn Brick), 비터 로즈(Bitter Rose), 캔디드 브릭(Candid Brick), 샤이 베이지(Shy Beige), 론리 코랄(Lonely Coral), 노 다웃 코랄(No Doubt Coral), 피어스 푸시아(Fierce Fuchsia), 지니 레드(Genie Red), 소울 레드(Soul Red)

이름만 봐서는 어떤 컬러인지 메시지가 신속히 와닿지 않고 재방문 시 원하는 제품명을 기억할 수 없을 것 같죠.

반면 에이블씨앤씨의 보유 브랜드 중 어퓨가 있는데 과일의 과육을 쭉 짜서 넣은 것 같은 느낌을 담아 콘셉트명이 과즙팡입니다. 세부 라인은 사과향, 귤향, 베리향이 아니라 애칭 같습니다.

과즙팡 틴트의 애칭스러운 네이밍

무심결에무화과, 대추발라도예뻐, 감잡은홍시, 깨물고싶귤, 넌나에게사과, 미안해화플럼, 너는몰라즈베리, 상큼뽀짝자몽, 모쏙타드머루, 눈치코치리치, 본체만체리

과즙팡 블러셔의 애칭스러운 네이밍

홍시날좋아하니, 이슬에자몽, 나는누구여긴오디, 내마음을구아바, 앗포도둥절, 너랑살구싶다

과즙팡 젤 네일 스트립의 애칭스러운 네이밍

너와나의연결라인, 자기저기자개, 치키차카초코치크, 알유파인파인애플, 스마일마일리지, 핑크라데이션

사전에 어퓨의 베스트셀러 제품을 보니 역시 이름이 이렇습니다. '나쁜아이크림' '내진정엔너뿐이야' '오일에빠진앰플'. 한마디로 애칭스럽습니다. 역시 타깃 세대에게 좋은 반응을 얻었으며 제품명 기억도 쉽습니다. 이처럼 이미용 관련 상품과 서비스같이 인지부조화를 심어줘야 하는 분야는 애칭을 내세우는 추세입니다.

서울 광진구복지센터에서 '치매중풍노인돌보미'를 시행하는데 이름 자체가 애칭스럽게도 **'어르신유치원'**입니다. 슬픔과 괴로움을 밝음으로 바꿔놓았습니다. 위조된 공무원증이나 검찰 재직증명서로 보이스피싱을 당하는 피해를 막기 위해 검찰이 보이스피싱 서류 위조 여부를 안내하는 콜센터를 개설했습니다. 콜센터 이름은 **'보이스피싱 서류 진짜인지 알려줘 콜센터'**입니다. **'찐센터'**라는 애칭도 달았습니다. 정식 명칭과 애칭이 서로 뒤바뀐 것 같을 정도입니다.

자신이 가입한 보험을 한눈에 볼 수 있는 한국신용정보원의 서비스명은 **'내보험다보여'**입니다. 쉬운 대화체이며 이름이 서비스를 쉽게 표현합니다. 수년 전만 해도 공공 기관의 서비스 네임을 이렇게 지을 거라곤 상상도 못했을 겁니다. 그만큼 트렌드가 변해가고 있는 겁니다.

역이나 공항 수화물 운송 서비스인데 이름이 **'짐캐리'**입니다. 짬뽕 브랜드명 중 자꾸만 입이 가는 **'이비가 짬뽕'**이라는 이름이 있습니다. LG하우시스는 층간 소음 없애는 두꺼운 바닥재의 이름을 **'지아소리**

잠'이라고 지었습니다. 네이버 어학 콘텐츠 코너 이름은 '어학당'이었는데 2019년 10월 새로운 UI에서는 '**뭐 배우지**'로 바뀌었습니다. 이러닝 클래스101의 수강생 정병곤 대표의 상품은 도담비라는 브랜드의 가려움증 완화 스프레이입니다. 제품 이름은 '**엄마 이제 안 가려워요**'입니다.

이런 사례만 봐도 앞으로 마케팅 트렌드가 어떻게 변해갈지 예상되죠? 점점 더 쉽고 재밌고 친근한 애칭스러운 제품명이 쏟아질 겁니다. 혹시 상품명을 고심하고 계시나요? 애칭스러운 상품명을 지어보세요.

1초 만에 소비자 머릿속에 새길 수 있습니다.

애칭으로 포장하라

제 후배와 제자들은 기업 송년회, 세미나 같은 행사를 많이 다닙니다. 하지만 정말 돈 되는 행사는 부동산 투자, 금융 투자, 모집 투자, 프랜차이즈 설명회 등 사업 설명회라는 것을 진작 안 저는 오래전부터 그 시장에 뛰어들었습니다. 사업 투자 설명회를 진행해보면 주로 참가하는 분들이 은퇴를 앞두고 퇴직금을 어떤 사업에 쓸까 고민하는 분들이라는 걸 알 수 있습니다. 초창기에는 이런 분들에게 '사업의 확실성, 수익성'이라는 키워드로 다가갔습니다. 그런데 경험이 쌓일수록 이분들이 계약서에 사인을 하게 되는 동기는 다름 아닌 '나는 아직 젊고 일할 힘이 있다'는 자신감이란 것을 깨달았습니다. 인구의 13%가 65세 이상 법정 노인 연령을 넘어가면서 요즘 나이 예순은 너무 젊습니다. 이들은 여전히 활동적으로 일하기를 원합니다.

사업 설명회는 특성상 녹화를 하지 않습니다. 따라서 유튜브나 소셜에서 제가 PT하는 동영상이 별로 없습니다. 그래서 글로 제가 준비한 이 연배에 맞는 문구 일부를 소개합니다. 계약 성공율이 매우 높아 저 스스로는 최고의 PT라고 생각하는 내용으로, 스크립트로 만들어 달달 외웠던 내용입니다.

"늙었다고 생각하십니까? 시간이 점점 빨리 지나가는 듯 느껴지십니까? 셰익스피어의 '리처드 2세' 대사인데 '지금까진 내가 시간을 함부로 써왔는데 이제는 시간이 나를 함부로 쓴다'는 말이 공감되는 나이라면 당신도 늙어가는 게 맞습니다. 나는 아니라고 부인하지만 60세가 되면 내 나이 앞에 '환갑'이라는 문패가 달리고 65세가 되면 나라에선 나에게 '법적 노인'이라는 명찰을 달아줍니다.

노인 하면 어떤 단어가 떠오르십니까? 혹자는 '강의 퇴적물' 같다고 하시더군요. 느리고 묵었다는 말입니다.

또 혹자는 '러브 핸들(love handle)'이 떠오른다고 합니다. 뭔가 아름다운 말 같지만 옆구리 잡아보시죠. 그겁니다. 나이 들어갈수록 허리 주변에 지방이 차올라 해수욕장에서 허리에 튜브 끼고 돌아다니는 것처럼 둘레에 차오른 복부 비만을 말합니다.

몸도, 기운도, 지구력도, 기억력도, 집중력도, 총명함도 예전 같지 않죠? 그러면 나의 효용 가치는 이제 없어진 건가요? 천만에요. 저는 어릴 때는 총명하다고 동네에 소문이 자자하던 아이였는데, 지금은 머리로 먹고사는 직업인데도 돌아서면 마치 처음 말하는 것처럼 했던 얘기 또 하고 또 합니다. 책을 덮어놓고 다시 읽다 보면 한참 읽어 내려간 뒤에야 이미 읽었던 부분이란 걸 알고 한탄합니다. 젊은 시절에는 행사장에 1,000명이 와도 꼭 한 번은 마이크를 내려놓고 육성으로 시원하게 질러서 남다른 제 발성을 보여드렸습니다. 이제는 30분만 이야기해도 목이 쉽니다. 금세 피곤해집니다. 지금 참석하신 분들은 대부분 저보다 선배님들이니 몸이 보내는 신호를 더 많이 느끼시겠죠. 하지만 저는 주위 사람들에게 이제 한물간 저를 이렇게 표현합니다.

'부러진 크레파스'

크레파스는 부러지면 모양새는 떨어지지만 여전히 새 크레파스와 같이 색칠하는 데 문제없이 유용하게 사용됩니다. 참석하신 분들도 마찬가지일 겁니다.

여러분은 **'빛바랜 동전'**입니다. 빛바랜 동전은 반짝이는 새 동전과 가치는 동일합니다. 오히려 **'오래된 포도주'**는 '새 포도주'보다 가치가 더 높고 비쌉니다. **'백발은 아름다운 면류관'**이라는 애칭은 솔로몬이 노인을 빗댄 표현입니다(잠언 16:31, 개역한글판). 흔히 면류관은 영광을 상징하는데, 흰머리가 그렇다는 겁니다. 흰머리는 거친 세상 풍파를 이겨내고 많은 시련을 맨몸으로 맞으며 꿋꿋이 살아왔다는 자랑스러운 상징이니까요. 또 장성과 품위와 내적 아름다움을 나타내기도 합니다.

여러분은 '**오래된 찻사발**'입니다. 찻사발이 오래되면 찻물이 들어 노릇한 빛깔을 띠게 됩니다. 손 한 번 안 댄 도기보다 오래 쓴 흔적이 묻어나는 도기를 더 값지고 비싸게 쳐줍니다. 그 세월의 흔적이 아름답기 때문입니다. 그처럼 당신의 은빛 머리도 더 아름다워지도록 계속해서 예쁜 그림을 그려나가시기를 권면합니다.

노인을 '**시니어(senior)**'라고 합니다. 시니어란 과거 로마 시대에 군대에서 가장 숙련된 '**두려움 없는 용사**'를 뜻했습니다. 경험을 쌓고 장성에 이르면 그 일을 대처하는 데 두려움이 없어지고 능숙해집니다.

청년의 머리에는 하고 싶은 일만 빼곡히 적혀 있습니다. 노년의 머리에는 하지 말아야 할 일만 빼곡하게 적혀 있습니다. 그러다 보니 나이 들수록 예스보다는 노(no)를 많이 외칩니다. 늙어가는 거 티 내려면 노(老)를 많이 외치십시오. 그러고 싶지 않다면 청춘의 노트를 펼치고 '**회춘 유전자**'를 깨워야 합니다. 여전히 여러분은 청춘의 노트에 이뤄보고 싶은 일을 적기도 바쁩니다. 노망을 걱정하지 말고 '**로망**'을 이루십시오."

이 PT에 등장한 노년층을 공략하는 용어는 '강의 퇴적물, 러브 핸들, 부러진 크레파스, 빛바랜 동전, 오래된 포도주, 백발은 아름다운 면류관, 오래된 찻사발, 두려움 없는 용사, 회춘 유전자' 등입니다. 행사장에서 제 멘트에 맞춰 이 문구들이 함께 등장하니 반응이 정말 좋았습니다. 자신들의 입장을 잘 묘사했고 마음을 찔렀다고 호평하시더군요.

당신도 공략할 타깃을 정한 뒤에 그 대상의 마음을 후벼 팔 꼭 들어맞는 애칭을 만들어보세요.

애칭은 고민의 산물

한 기자는 안경을 일컬어 '2개의 창, 2개의 다리, 세상을 내다보는 가장 작은 건축물'이라 했습니다. 얼마나 멋진가요? 이 말 이후에 등장하는 안경은 비싼 것이라도 당장 그만한 가치가 느껴질 것만 같습니다. 그런데 이런 문구가 쉽게 나왔겠습니까?

상품 애칭을 짓는 것은 직관 언어처럼 훈련과 연습을 통해 실력을 높일 수 있습니다. 저도 제 학생들을 계속 연습시키는데, 아래는 이러닝 플랫폼 클래스101에서 제 수업을 듣는 수강생들이 만들어본 애칭입니다.

체중계 → **나의 러닝메이트**

제습기 → **우리 집 쾌적도우미**

양산　　　　　　→ **나만의 이동식 그늘**

무기자차 선크림　→ **방탄 선크림**

돗자리 가방　　　→ **폴딩 비치백**(folding beach bag)

　이번에는 훈련 삼아 소화기의 애칭을 지어보라고 과제를 냈습니다. 먼저 소방청이 만든 문구인데 '큰불 막는 작은 영웅'으로 홍보합니다. 다음은 제 수강생님들이 지어낸 애칭입니다.

　잠 안 자는 24시간 우리 집 소방관

　재산 지킴이

　물 뿜는 하마

　우리 집 안심 불끄미

　내 손안의 소방관

　불 잡는 물총

　火나면 무섭다

　불굴의 캡슐

　지상계 포세이돈

　이처럼 대상은 같아도 거기에 이미지를 어필하는 애칭은 얼마든 다각적으로 표현해낼 수 있습니다. 함께 연습해볼까요?

더덕에 애칭을 붙여봅니다. '인삼의 사촌' 멀어 보입니다. '인삼의 동생' 약해 보입니다. '인삼의 형' 과해 보입니다. '인삼의 형제' 적당해 보이지만 밋밋합니다. 사포닌이 삼 못지않으니 '산삼의 사촌' '밭에서 나는 산삼'은 한결 강해 보이면서 산삼의 이미지에 묻어가니 괜찮습니다. 영양이 풍부하고 씹히는 맛이 고기 육질과 비슷하니 '산에서 나는 고기'도 괜찮군요. 당뇨 완화에 도움을 주는 성분이 많으면서 자연의 산물이니 '대자연 인슐린'도 좋습니다. '인삼의 배다른 형제' '보급판 인삼' '풀 속의 면역왕' '바람이 키운 산고기'도 좋습니다. 이렇게 훈련해나가는 겁니다.

애칭을 짓는 작업은 쉬워 보여서 툭 튀어나오는 것 같지만 막상 해보라고 하면 창조적 공력이 들어가는 작업입니다.

성실하고 꾸준한 훈련이 1초 문구를 만듭니다.

" 애칭으로 상품의 얼굴을 만들어라 "

2부 1장의 주제는 상품에 애칭을 달면 그 상품에 날개가 달린다는 것이었습니다. 사람 볼 때 가장 먼저 뭘 보시나요? 영혼이 아니라 얼굴을 봅니다. 그 사람을 떠올리면 가장 먼저 떠오르는 건 뭔가요? 역시 얼굴입니다. 상품도 얼굴이 있어야 합니다. 그래서 제게 상품 컨설팅 요청이 들어오면 "이 상품의 얼굴은 한마디로 뭔가요?"라고 꼭 묻습니다.

상품의 얼굴을 만드세요. 애칭이 그 역할을 할 수 있습니다.

다음의 공통점은 뭘까요?

호프집, 포클레인, 봉고차, 멜로디언, 딱풀, 통돌이, 스카치테이프, 호치키스….

고유명사화된 상표명입니다. 포클레인은 처음 굴착기를 만든 프랑스 회사 이름인데 이미 40년 전에 없어진, 존재하지도 않는 회사입니다. 물성은 사라져도 인식은 남습니다.

언급한 많은 예시처럼 애칭만으로 매출 대박을 낼 수 있습니다. 이미 정해져 굳어버린 상품 이름은 어쩔 수 없다 생각하지 말고 거기에 나만의 멋진 애칭을 달아보세요. 고객은 그 애칭으로 당신의 상품을 판단하고 이해할 겁니다.

당신과 당신 상품의 애칭은 무엇입니까?

주(主)를 내세워
성공시키는
시그니처 마케팅

" 시그니처는 품격을 높인다 "

출판회를 하면서 족히 수천 권의 책에 사인을 해드렸을 겁니다. 한번은 식당에 들렀더니 사장님께서 알아보고 사인을 부탁하신 적이 있었습니다. 이 경우는 정말 민망했습니다. 제발 식당 벽면에 연예인들과 같이 제 사인이 걸리지 않기를 바라며 써드렸습니다. 헝겊의 실오라기 같은 제가 뭐라고요. 똑같은 사인도 저 같은 일반인이 하는 사인(signature)과 유명인이 하는 사인(autograph)은 분명 다릅니다. 유명인의 사인은 가치가 다르기 때문이죠.

한국생산성본부의 중소기업 CEO를 대상으로 한 강의 중 간단히 그린 3개의 그림을 보여주고 가격을 물어봤습니다.

첫째, 'Bouquet pour Jacqueline Picasso'라는 그림이 있습니다. 어린이가 그린 것 같은 수준의 간단한 꽃다발 그림입니다. 얼마 주고 사시겠냐고 물었더니 3,000원 이상을 부른 사람이 없었습니다.

그런데 그림 한쪽에 피카소의 사인(시그니처)을 노출하고 피카소의 그림이라 하니 그때부터 3,000만 원, 4,000만 원 등 10배 이상을 부르더군요. 그것은 1966년 피카소가 아내의 생일 선물로 그려준 부케 그림인데 7,000만 원에 팔렸습니다. 단지 그림 한 귀퉁이에 시그니처가 있고 없고의 차이로 그림값이 현격한 차이를 보이는 것이죠.

두 번째는 가로세로 7cm 정도밖에 안 되는 곰 머리를 간단히 그린 드로잉입니다. 역시 얼마에 사겠느냐고 물어봤더니 몇천 원 이상이 안 나왔습니다. 그런데 놀랍게도 한화 약 140억에 낙찰되었습니다. 다름 아닌 레오나르도 다빈치의 사인이 들어가 있기 때문입니다.

세 번째로 정점을 찍는 그림 가격이 있습니다. 피카소의 한붓그리기 개 그림인데 거의 낙서 수준입니다. 인터넷에서 검색해보고 따라서 그려보세요. 그림 그리는 데 1초면 될 겁니다. 다섯 살 아이가 그렸다고 해도 믿을 만합니다. 그런데도 이 그림의 가격은 놀랍게도 무려 8,400만 달러, 즉 1,000억입니다! 바로 그 낙서, 아니 그림 밑의 피카소 사인 때문이죠. 역시나 시그니처를 가려놓고 가격을 매겨보라 했더니 대부분이 몇천 원 또는 줘도 안 갖겠다고 답했습니다.

이처럼 사인 하나로 가치는 폭발합니다. 멀쩡한 야구공에 운동선수의 사인이 들어가면 가치가 달라지듯 말이죠. 심지어 유명인이 아니더라도 시간만 지나면 시그니처의 가치는 올라갈 수 있습니다.

클래스101 같은 몇 개의 이러닝 플랫폼에서 독자들의 마케팅 코칭을 하고 있습니다. 한 분은 자체 브랜드 빵집을 운영 중입니다. 그분의 영업 방식과 상황을 전달받아보니 업장이 심심하고 특색이 보이지 않았습니다. 그래서 매장 한편에 셰프가 빵을 만드는 대형 사진을 걸어놓으라고 했습니다. 양팔을 걷어붙이고 작업복을 입고 반죽을 치대며 신중한 표정을 짓고 있는 사진을 걸어놓으라고 했고, 그 밑에는 못 알아보게 휘갈겨 쓴 사인이 아니라 누가 봐도 이름을 인지할 수 있게 멋있는 한글 필체의 시그니처를 새겨 넣으라고 했습니다.

이름을 사인으로 멋지게 만들어주는 업체가 많기에 그런 건 고민하지 않아도 됩니다. 그러면 당장 본인 자체가 브랜드가 되어 소비자에게 감성과 신뢰를 줄 수 있을 겁니다. 또 빵집 사장님을 빵 포장해주고 계산하는 알바가 아니라 기품 있는 전문가이자 대가로 여겨함부로 대하지 못하게 됩니다. 수개월 후 그 전략이 유용하게 효과를 발휘하고 있다고 감사 인사를 받았습니다.

"상품을 대변하는 시그니처 언어를 만들어라"

일요신문 한병관 기자가 특집 기사에 싣기 위해 제게 질문을 했습니다. 왜 요즘 시그니처라는 말이 대세냐는 겁니다. 제가 상품 컨설팅을 했던 아모레퍼시픽의 예를 들어 설명해보죠. 브랜드 수가 많습니다.

아모레퍼시픽, 설화수, 헤라, 프리메라, 리리코스, 베리떼, 아이오페, 한율, 라네즈, 마몽드, 아닉구딸, 아리따움, 려, 미쟝센, 일리, 해피바스, 프레시팝, 메디안, 플레시아, 에뛰드, 이니스프리 등등 매우 많은 브랜드들이 시장에서 산발적으로 아무렇게나 자리 잡지 않고 각 라인업의 위치를 명확히 하고 있습니다.

가격대가 가장 높은 럭셔리 4인방은 설화수, 아모레퍼시픽, 헤라, 프리메라입니다. 그다음 프리미엄 라인 4인방은 아이오페, 한율, 라네즈, 마몽드입니다. 나머지는 저가 브랜드입니다.

이러한 브랜드 가치 분류는 소비자에게 각인되어 시장에서 각자의 위치에서 어필하고 있습니다. 또 브랜드마다 제품의 종류가 너무 많아 다 기술할 수 없습니다.

여기까지 읽고 난 뒤 책을 덮고 아모레퍼시픽의 브랜드와 상품명을 적어보시죠. 상품명은 둘째 치고 앞에 열거한 브랜드들 중 절반이나 떠올릴 수 있겠습니까? 저 같은 업계 전문가가 아니라면 이 많은 브랜드와 제품들의 장점을 암기하기는 어렵습니다. 그래서 각 브랜드는 그 브랜드를 기억하게 할 대표 제품을 메인으로 내세웁니다. 그것이 바로 시그니처 제품이 됩니다.

기업에서는 상품이 수없이 쏟아져 나오는 바람에 변별성이 점점 떨어지고 물리적 스펙과 기술적 차이만으로는 소비자에게 자신의 제품을 인식시키는 데 한계가 있음을 깨달았습니다. 그래서 각인을 위해 전면에 내세울 뭔가가 필요해졌기 때문에 시그니처가 대세인 것입니다.

기업이 메인 주력 상품을 시그니처라고 명명하며 내세울 때면 '독특한, 차별화된, 소유하고 싶은, 자랑하고 싶은, 각별한, 흥분된, 희소 가치가 있는'이라는 의미를 담습니다.

상대에게 작은 골프공 하나를 가볍게 던져주면 받겠지만 수십 개를 한꺼번에 던지면 모두 놓치고 말 겁니다. 소비자는 매장에 가서 모든 제품을 구입하지 않습니다. 종류가 아무리 많아도 결국 한 번에 하나 정도 삽니다.

활짝 핀 싱싱한 꽃을 오래 보고 싶다면 어떻게 해야 할까요? 줄기에 붙어 있는 잎을 전부 제거해야 합니다. 잎을 남겨두면 꽃으로 집중돼야 할 물이 잎으로 가버려 금방 시들기 때문입니다. 메시지도 마찬가지입니다.

전면에 내세울 단 하나의 강력한 시그니처가 있어야 합니다.

노래는 아는데 가수는 모르는 경우 노래가 가수를 삼켰다고 표현합니다. 작가도 그렇습니다. 예전에 제가 매일 생방송을 할 때는 얼굴이 명함이었는데, 방송을 그만두고 미국으로 떠난 후 출간한 책이 수십만 부의 베스트셀러가 되니 책 제목은 아는데 제 얼굴과 이름은 모르는 경우가 많아졌습니다. 책이 저자보다 유명해졌습니다. 책 이름을 말하며 저서라고 하면, "앗, 그 책 작가님이세요?"라고 반가워하시는 분들이 꽤 많습니다. 이것은 오히려 좋은 현상입니다.

작가, 화가, 예술가는 최고의 대표작(magnum opus)이 있어야 합니다. 그것이 오랫동안 기억될 자신의 시그니처가 되니까요. 노래 한 곡으로 평생 먹고사는 가수도 시그니처 전략이 충분히 성공할 수 있다는 것을 보여주는 증거입니다. 다행히 저에게도 베스트셀러《팔지 마라 사게 하라》라는 시그니처 작품이 있습니다. 물론 앞으로는 바로 이 책《보는 순간 사게 되는 1초 문구》를 시그니처로 내세우겠지만요.

상품 마케팅도 마찬가지입니다. 저격수는 허공에 마구 총질을 해대지 않습니다. 한 발에 한 명만 겨냥합니다. 베트남전의 미군 기록을 보면 미 육군 한 명이 20발을 쏴야 적군 한 명을 사살하는 데 반해 저격수는 한 명 사살에 1.3발 정도면 충분했다고 합니다. 그래서 시가전에서 저격수 한 명이 적군 1개 중대의 발을 묶어놓는 일을 했습니다. 1발의 총알로 넓은 적진을 무력화한 겁니다.

우리도 그처럼 상품의 소구점 중 엄선된 핵심 하나만 내세워야 합니다. **원싱 전략(one thing strategy)이란 많은 것을 언급하기보다 가**

장 임팩트 있는 하나만 전면에 내세우는 전략을 말합니다.

예를 들어보죠. 엘지유플러스의 콘텐츠 중 '아이들나라'라는 유아 콘텐츠를 컨설팅했습니다. 아이들나라 콘텐츠에 영어유치원이라는 코너가 있는데, 한솔 핀덴, 옥스퍼드 리딩 트리, YBM ECC, 하이라이츠, 잉글리시에그, 디즈니, BBC, EBS, 노부영까지 다양한 프리미엄 콘텐츠를 넣어놨습니다.

저는 이 훌륭한 것들이 다 들었으니 통신사를 바꾸라고 설득하는데 초점을 맞추지 않았습니다. 좋은 영어 브랜드가 많지만 과감히 생략하고, 오직 잉글리시에그만 내세웠습니다. 이 교재는 중고조차 가격이 떨어지지 않는 고가인 데다 콘텐츠 질과 완성도가 매우 높아서 소비자 조사 결과 선호도가 남달리 뛰어났기 때문입니다.

이에 따라 전국 통신사 매장 외벽에 '잉글리시에그를 보고 싶다면 엘지로 오라'는 메시지를 써놓고 대고객용 영상에도 이 영어 브랜드를 전면에 내세웠더니 결과가 매우 좋았습니다. 이것이 원싱 전략의 좋은 예입니다.

오디오북 윌라의 콘셉트는 책의 일부 또는 요약본이 아닌 문장 하나, 단어 하나 놓치지 않도록 책 전문을 읽어주는 100% 완독본임을 강조합니다. 그럼에도 정작 CF에서는 '책 한 권 다 읽어드립니다'라고 홍보하지 않습니다. 15초짜리 CF에서 "내 이름은 가브리엘 웰즈, 추리 작가, 이번 수사는 조금 특별하다. 내가 잘 아는 사람이 살해당

했기 때문이다. 죽은 사람은 바로 나다"라고 베르나르 베르베르의
《죽음》중 단 한 대목을 읽어줍니다.

　이렇듯 많은 것보다 강한 것을 내세워야 합니다.

" 볼륨 상품을 선택하라 "

'볼륨 상품이란 소비자가 가장 많이 찾고 특히 많이 팔리는 히트 상품이며 판매자가 가장 자신 있게 내세우는 주력 상품'을 말합니다. 이 볼륨 상품이 얼마나 인기를 끄느냐에 따라 성패가 좌우됩니다. 이런 상품이 없으면 판매에 성공할 수 없습니다. 수많은 밑반찬이 훌륭해도 메인 하나가 확실하지 않으면 맛집이 될 수 없는 것과 같습니다.

예를 들어 고기 뷔페를 연다고 합시다. 간판과 콘셉트 작업을 어떻게 하시겠습니까? 대부분 그렇듯 고기 뷔페라고 간판을 크게 달고 그 밑에 자랑스럽게 '1인 1만 5,000원에 돼지고기, 소고기, 닭고기, 오리고기 등 무한 리필'이라고 가격을 전면에 내세우겠죠.

하지만 소비자 심리는 뻔합니다. 고기 뷔페면 당연히 등급이 낮거나 질이 떨어지는 고기를 썼을 거라 생각합니다. 심지어 이어 붙인

고기(쓰다 남은 부속 잡고기를 뭉쳐놓고 약간의 화학물질을 섞어 한 덩어리의 생고기로 둔갑해 불법 유통되는 고기)라고 생각합니다. 작전을 바꿔봅니다. 우선 볼륨 상품을 찾습니다.

볼륨 상품을 찾을 때의 세 가지 기준
1. 지난 6개월간 판매 데이터를 토대로 가장 많이 팔린 상품
2. 소비자 리뷰와 반응이 가장 좋은 상품
3. 판매자가 가장 애정을 품고 가장 자신 있어 하는 추천 상품

이 세 가지를 만족시키는 상품을 볼륨 상품으로 내세우면 실패할 확률이 가장 줄어듭니다. 그리고 나서 그 상품 하나를 주력으로 내세우면 얘기가 달라집니다. '**천안 명물 숯불닭갈비 전문점**'과 '**단 3,000원 추가 시 목살과 돼지양념갈비가 무한 리필.**'

이러면 유명 닭갈비를 메인으로 하지만 고기를 좋아하는 손님을 확보할 수 있습니다. 제가 코칭을 한 이후 요식업에서 많이 쓰는 방법입니다.

열 손가락 깨물어 안 아픈 손가락 없겠지만

과감히 볼륨 상품을 선택하십시오.

다윗이 골리앗을 이긴 무기는 작은 조약돌(sling stone) 하나입니다. 그는 강가로 가서 매끄러운 돌 5개를 골라 주머니에 넣고 키가 3m인 거인과 맞서려고 나아갑니다(사무엘상 17:40, 개역한글판). 만약 당신이 다윗이었다면 어떤 심정으로 그 돌을 골랐을까요? 단지 작은 돌 5개만 주웠다는 것은 허공에 마구 날리지 않고 다섯 수 이내에 끝장을 보겠다는 굳은 결의를 다졌다는 뜻일 겁니다. 그렇다면 대충 아무거나 주워 담을 수 없었을 겁니다. 신중하게 심혈을 기울여 가장 확실하게 끝낼 수 있는 근사한 것을 고르고 골라 주웠을 겁니다. 그리고 결국 처음 집어 든 단 하나의 짱돌로 승부를 끝냅니다.

누구나 주머니 속에 다윗의 돌과 같은

마지막 강한 한 방을 지니고 있어야 합니다.

체중 조절용 건강식품을 주력으로 하는 허벌라이프라는 방문판매 회사가 있습니다. 판매원 중 한 분의 어린 자녀가 영화에 출연하게 되었습니다. 엄마는 영화 촬영 내내 아이 매니저 역할을 하면서 많은 영화배우, 연예인과 교류하게 되었습니다. 그러면서 그들과 함께 사진을 찍어두었는데, 덕분에 평소 접근하기 어려운 톱클래스 배우들과 단둘이 찍은 사진을 여러 장 확보하게 됐습니다. 연예인들은 출연 아역 배우의 엄마이니 사진 촬영을 거부하지 않았고, 더구나 아주 친한 포즈로 사진을 찍어주었습니다.

아이 엄마는 그들에게 자신의 체중 조절 다이어트 식품을 선물로 전해주었습니다. 이후 이분은 허벌라이프의 판매왕이 되었습니다. 말솜씨가 아니라 사진 덕분이었습니다. 톱 배우들과 같이 다정하게 찍은 사진을 고객에게 보여주며 이 연예인도 자신이 판매하는 다이어트 식품을 먹는다고 하니 고객이 앞다퉈 제품을 주문하더라는 겁니다. 이 사진이 그녀에겐 다윗의 돌입니다.

보통 사업 설명회를 하기 전에 사전 MC가 나와 분위기를 한껏 돋웁니다. 이때 MC는 회사에서 준비한 선물이나 상품권을 나눠주면서 청중의 호응을 이끌어냅니다. 거기에 관련해 강렬한 기억이 있습니다. 제가 섭외한 사회자가 "지금부터 딱 열 분만 모십니다. 음악에 맞춰 춤을 가장 잘 추는 분께 상품권을 드리겠습니다"라고 외치자 양복을 입은 여러 명의 남성과 정장 차림 여성이 무대 위로 올라왔습니다. 한 명씩 차례로 춤 솜씨를 뽐내는데, 마지막 여성이 압권이었습니다. 정장 치마 차림인데도 갑자기 어디서 났는지 입에 호루라기를 물고 신나게 불면서 한 손을 바닥에 대고 원을 그리며 도는 겁니다. 정말 모두가 빵 터졌습니다.

사회자가 "아니, 대체 그 호루라기는 어디서 났습니까?"라고 물으니 이렇게 대답하더군요.

"제가 전국노래자랑 인기상 출신이에요. 항상 가지고 다닙니다."

그러고는 남은 상품권을 모두 쓸어 갔습니다. 그분에겐 호루라기가 다윗의 돌일 겁니다.

영업 사원들이 상가를 방문하면서 방범 및 보안 용도의 CCTV를 설치하라고 권해야 하는 전략을 짜준 적이 있습니다. 그런데 바쁜 사장님을 앉혀놓고 CCTV의 중요성을 얘기하기가 쉽지 않습니다. 이때 유용한 것이 '설렁탕에 슬쩍 휴지 넣고 큰소리 진상 손님'이라는 뉴스 영상입니다.[13] 공중파 뉴스에 실린 영상으로, 인근 식당을 돌면서 음식을 거의 다 먹은 후 휴지를 집어넣고는 화를 내며 음식값도 안 내고 변상까지 받아가는 전문 '꾼'이 CCTV에 잡힌 영상입니다. 이 영상을 보여주기만 하면 CCTV를 설치하지 않은 식당은 어지간하면 다 설치하겠다고 합니다. 이 영상이 영업 사원들에겐 다윗의

---

13 '설렁탕에 슬쩍 휴지 넣고 큰소리… '진상 손님' 골치', KBS, 2019. 9. 26

돌입니다.

검색창에 장문정과 함께 '우담바라'를 입력하면 기사가 뜰 겁니다.[14] 10년 전 마산의 경남은행 본점에 강의를 하러 갔는데, 강의 장소인 지하 강당 입구 대리석 기둥에 우연히 우담바라 꽃이 3송이 피었습니다. 우담바라는 3,000년에 한 번 핀다는 희귀한 꽃으로, 좋은 일이 생길 거라는 믿음을 줍니다. 경남은행에서는 이 꽃들을 보호하기 위해 디펜스를 설치하고 관람 존을 만들어 직원뿐 아니라 외부인에게도 공개했습니다.

이후 몇 번 더 강의를 하러 갔는데, 그때마다 "우담바라를 몰고 온 장문정입니다"라고 운을 떼기만 하면 사람들 표정이 마치 보살을 보는 듯했습니다. 거기다 강의가 끝나고 나면 굳이 와서 악수를 청하며 좋은 기운을 받고 싶다는 분들이 줄을 섰습니다. 제 다윗의 돌이 무엇이었는지 말 안 해도 아시겠죠?

---

14 '경남은행 본점에서 우담바라 발견돼 화제', 파이낸셜뉴스, 2012. 7. 2

언어로 다윗의 돌을 만들어라

사업 설명회나 마케팅 최종 보고를 나갈 때면 몇 날 며칠 밤을 새우며 준비한 발표 자료가 제게는 다윗의 돌이 됩니다. 주로 키워드로 승부를 보는데, 당신도 언어만으로 다윗의 돌과 같은 메인 키워드를 만들어보십시오. 신중히 선별한 다윗의 돌과 같은 키워드를 지니고 있는 순간은 그 어느 것도 두렵지 않고 자신감이 승천합니다. 영상이나 여타 시각 자료(visual aids)를 비롯한 제작물은 만드는 데 비용이 많이 듭니다. 그러나 언어로 다윗의 돌을 만들 수 있다면 비용은 들지 않으면서 대단한 효과가 발휘됩니다. 언어가 시각적 이미지보다 높은 설득력을 지니는 이유는 원하는 메시지가 직접적이고 언어 자체가 설득력을 담고 있기 때문입니다.

한마디로 수억짜리 차를 파는 방법

말 한마디로 수억짜리 차를 판다는 게 가능한 일일까요? 한 수입차 브랜드가 신차 출시를 앞두고 세일즈 언어 개발을 의뢰했습니다. 출시될 차의 기능, 사양 등을 표기한 자료를 받으면 그것을 매장에서 세일즈할 수 있는 판매 화법으로 만듭니다.

가령 자료에 '이번 신차에는 컵홀더 추가'라고 쓰여 있으면 '부부나 연인이 탔을 때 보조석에 탄 사람은 계속 컵을 들고 있어야 했던 불편함 완전 해소' '보조석에 탄 사람의 비싼 새 옷이 무슨 죄. 커피가 출렁거릴 때마다 내 마음도 출렁. 이젠 바이바이~' 하는 식으로 바꾸어줍니다.

그런데 제 머리 하나로는 아이디어를 뽑아내지 못합니다. 제일 도움이 되는 사람들의 첨언을 들어야 합니다. 자동차 영업 사원 중 실적이 가장 상위인 몇 분을 모시고 FGI(Focus Group Interview, 몇 명을 모아놓고 직접 의견을 듣는 소비자 면접 조사)를 했습니다. 그런데 그중 나이가 지긋한 분이 자신의 노하우를 밝히더군요.

젊은 영업 사원들은 머리가 명석해서 기능, 사양을 외워 꼼꼼히 알려주는데, 그래 봐야 고객은 설명할 때는 잘 듣지만 그냥 나가버린다는 겁니다. 하지만 이분은 그런 구체적 스펙은 얘기하지 않는데도 쉽게 판매합니다. 딱 한마디만 하면 고객은 억대가 넘는 비싼 차를 기꺼이 구매한다고 합니다.

"어딜 가나 대우받잖아요."

그리고 "아무리 비싼 옷을 걸치고 비싼 구두를 신고 비싼 시계를 차고 주머니 속 지갑에 많은 돈이 들어 있어도 아무도 몰라줍니다. 아무리 큰 회사 사장이어도 회사 안에서나 굽신거리지 회사 밖에만 나가면 어딜 가나 그저 아저씨입니다. 차는 다르죠. 차는 그 사람의 인격 자체로 대변됩니다. 어느 건물을 들어가도 무시하지 못하고 도로 위에서도 대접받습니다"라고 이어가면 망설이던 사람도 차를 사게 된다는 겁니다. 그분에게는 이 한마디 말이 다윗의 돌입니다.

한마디로 아파트를 파는 방법

중개업자가 세입자에게 고층 층수의 아파트를 보여줄 때 하나같이 하는 이야기가 있습니다. 조망이 좋다는 거지요. 그런데 30층 아파트보다 10층 아파트의 뷰가 더 좋을 수 있습니다. 또 고층이어도 동 간 거리가 짧은 빽빽한 다른 아파트들로 막혀 뷰가 별로인 경우도 많고, 요즘은 판상형보다 타워형이 많은데 ㄱ자, ㄴ자, +자 아파트가 많아서 90도로 꺾인 바로 옆집 사생활이 다 보이는 세대 간섭형 고층도 많습니다.

이렇게 누가 봐도 조망이 불편한데도 일단 고층 물건을 보여주면 전망이 좋다는 이야기를 아무 생각 없이 꺼냅니다. 지인이 부동산 중개업을 하고 있습니다. 제가 알려준 원포인트로 고층 물건 계약을 잘 따냅니다. 아주 쉬운 한마디죠.

"고층이라 미세 먼지가 안 올라와요."

그리고 이어서 이런 멘트를 하면 됩니다. "미세 먼지 측정이 엉터리라는 뉴스 보셨어요? 전국의 미세 먼지 측정소는 대부분 지상에서 10~20m 정도에 위치한다고 해요. 최근 서울시에서도 높은 곳에 위치한 측정소를 실제 시민들이 생활하는 지상으로 내리고 있지요. 지상에서 20m만 올라가도 미세 먼지 농도가 지상보다 30%나 적게 나온다고 합니다.[15] 미세 먼지도 분명 무게라는 것이 있으니 바닥에 가라앉지 위로는 덜 올라가지요. 20m면 아파트 6층 높이인데, 30층이면 미세 먼지가 얼마나 덜 올라오겠습니까? 남들보다 깨끗한 공기 마시고 사는 겁니다."

사실 공인중개사들은 세입자와 물건을 보러 나갈 때마다 전쟁터에 나가는 군인처럼 긴장합니다. 그런데 고층 물건 계약을 나설 때 이 원포인트 멘트를 다윗의 조약돌처럼 지니면 자신감을 갖고 임하게 됩니다.

---

15 '오락가락 미세먼지 농도, 이유는 따로 있었네', 환경일보, 2018. 1. 15

말 한마디로 보험을 파는 방법

보험 생방송만 1,000시간 이상을 했고 33개 원수사(개인 영업을 하는 보험사)의 보험설계사를 상대로 세일즈 화법 스크립으로 납품 강의와 코칭, 교육 영상, 고객용 세일즈 영상을 만들었습니다. 그래서 제 화법을 활용하는 사람들이 많습니다. 어느 날 보험사에 강의를 갔더니 한 설계사님이 다가오면서 예전에 강의 중 들은 화법으로 운전자보험을 많이 가입시켰다고 감사 인사를 했습니다.

그 다윗의 돌과 같은 멘트는 **"살면서 불법 유턴 한 번도 안 할 자신 있으면 운전자보험은 필요 없습니다"** 라는 겁니다.

자동차보험은 의무 가입이지만 운전자보험은 의무 가입이 아닌 선택의 문제이기에 많은 분들이 의도적으로 가입하지 않습니다. 하지만 음주, 뺑소니를 제외한 11대 중과실 사고는 자동차보험이 아닌 운전자보험에서 해결해줍니다. 그 중과실 사고 중 불법 유턴이 있습니다. 불법 유턴하다가 사고를 내면 자동차보험은 휴지 조각이 될 수 있습니다. 이때 운전자보험이 빛을 발합니다. 그러니 이 불법 유턴 한 마디만 던지면 누구나 가입하게 되더라는 겁니다.

또 다른 보험사 강의 때 한 분이 오시더니 역시 덕분에 운전자보험을 많이 가입시켰다며 감사하다고 했습니다. 그 다윗의 돌과 같은 멘트는 **"일주일에 한 번 이상은 인도로 돌진하시죠?"** 였습니다. 운전자보험이 해결해주는 11대 중과실 사고 중에는 인도 돌진이 포함됩니다. 인도로 돌진하다가 사고를 내면 역시 자동차보험이 아닌 운전자보험에서 해결해줍니다.

그런데 이 질문을 던지면 누구나 "아니요"라고 답합니다. 그럴 때 "주유소에 기름 넣으러 진입할 때 인도로 돌진하시잖아요? 전국 주유소 진입로의 95%는 도로가 아니라 인도입니다. 거기에서 행인을 치면 자동차보험으로는 답이 없습니다"라고 하면 가입하게 된다는 겁니다.

사실 이 두 멘트 모두 홈쇼핑에서 운전자보험을 판매할 때 사용해 수십만 건 가입을 받아낸 저만의 다윗의 돌이었습니다.

영업 또는 세일즈를 하는 사람이라면

가장 승률이 높은 자신만의 다윗을 돌을 갖추길 바랍니다.

" 기성 언어? 맞춤 언어를 짜라 "

《한국산업공구보감》에 따르면 공구의 종류는 무려 12만 7,000개나 됩니다. 그렇게나 많은 공구가 필요한 이유가 무엇이겠습니까? 둥근 구멍은 둥근 것으로, 모난 구멍은 모난 것으로 막아야 하기 때문입니다. 송나라 사상가 장자(莊子)가 말했듯 '들보로 성을 뚫을 수는 있지만, 구멍을 막을 수 없는 것'은 각 도구의 쓰임새가 다르기 때문입니다.

우리도 다양한 고객에 맞게 맞춤형이 되어야 합니다. 상품이라면 사용자의 취향, 기호, 요구에 맞게 추천할 줄 알아야 하고, 상권이라면 지역별 상권 특징과 고유성에 맞는 메시지를 창출해야 합니다.

대량생산이 가능해지면서 모두가 기성품을 쓰는 시대입니다. 강남을 거닐면 5분 백, 3분 백(몇 분마다 나와 같은 가방을 든 사람을 발견한다는 뜻)이 넘쳐나고 테이블 위에 여럿이 올려놓은 스마트폰들은 뒤집어 케이스를 보거나 배경 화면을 눌러보기 전엔 어느 게 내 건지 구별이 안 됩니다. 겨울엔 전 국민이 똑같은 검은 패딩을 교복처럼 입고 다닙니다. TV를 틀면 가수들은 로봇처럼 똑같은 군무를 춥니다. 친한 외국인이 저에게 한국 남자 아이돌들은 왜 모두 화가 나 있냐고 하더군요. 하나같이 화가 나서 인상을 쓰면서 화면을 노려본다는 겁니다.

면접을 진행하는데 지원자들이 하나같이 똑같은 성형외과에 똑같은 헤어 메이크업 숍을 다녀서 그런지 생김새가 구별되지 않더군요. 엎친 데 덮친 격으로 같은 방송 학원에서 배워서 그런지 퍼포먼스조차 똑같아서 평가하는 데 애로가 있었습니다.

이렇게 획일화된 사회에서는 메시지도 기성품처럼 묻히기 쉽습니다. 주체는 같아도 받아들이는 대상이 달라지면 메시지도 달라져야 합니다. 기성 양복보다 수제 맞춤 양복이 더 비싸듯 그 상품만을 위한 '커스터마이징 언어(맞춤 언어)'는 비쌀 수밖에 없습니다. 언어를 맞춤옷으로 재단하면 그 언어의 값이 올라갑니다. 그리고 맞춤 언어를 입은 상품의 가치도 올라갑니다.

"
공략 대상에게 맞춰라
"

꽃말은 그 꽃을 표현하는 언어입니다. 매화의 꽃말은 '고결한 마음'이며 산수유는 '영원불멸의 사랑'입니다. 4월에 피는 벚꽃 꽃말이 뭔지 아십니까? '순결과 절세미인'입니다. 학생들에게 물어보면 뭐라고 할까요? '중간고사'라고 답합니다.

9월이나 10월 추석에는 어떤 말이 떠오릅니까? '더도 말고 덜도 말고 한가위만 같아라' '풍요, 결실' 같은 게 떠오르겠지요. 학생들에게 물어보면 뭐라고 할까요? 역시 '중간고사'라고 답합니다.

같은 것에 대해서도 대상마다 받아들이는 것이 다르듯 메시지도 맞춤형이 되어야 합니다. 사업 설명회를 진행하는데 참석자 연령이 대부분 50~60대였습니다. 저를 쉽게 어필할 묘안을 짜내다가 생각해낸 것이 그분들이 1970~1980년에 〈6백만 불의 사나이〉라는 미드를 즐겨 본 세대라는 사실을 떠올렸습니다. 그래서 그 드라마 오프닝을 따서 제가 한 시간에 200억 원 이상을 팔았던 전력을 '200억의 사나이'라는 짧은 영상으로 오프닝을 만들었더니 역시 반응이 좋았습니다.

단체 문자에 답하는 이는 별로 없지만 나만을 생각하며 쓴 문자에는 손이 갑니다. 그처럼 언어를 커스터마이징해야 합니다. 커스터마이징이란 생산업체나 수공업자들이 고객의 요구에 따라 맞춤형 제품을 만들어주는 맞춤 제작 서비스를 말합니다.

우리의 언어가 고객 맞춤형으로 짜임새 있다면 고객은 마치 딱 맞는 맞춤옷을 입고 맞춤 구두를 신은 듯한 기분을 느낍니다. 그렇다면 우리가 전하는 상품도 자신에게 딱 맞는다고 느낄 수 있습니다.

" 언어를 커스터마이징하라 "

행사를 맡아서 진행하거나 강의를 하러 가면 전문 강사들은 대부분 본인 프로필을 과시하며 시작합니다. 그렇지만 저는 철저히 그 행사에 참석한 사람들의 이슈로 시작합니다.

농협과 수협은 한 끗 차이지만 대상은 전혀 다릅니다. 언젠가 농협은행 지점장을 대상으로 한 강의를 하러 갔습니다. 사전에 담당자가 다른 외부 강사들이 농협은행에 대한 사전 이해가 부족해서 겉도는 강의를 많이 한다고 귀띔해줬습니다. 그 말을 듣고 저는 다음과 같은 오프닝을 준비했습니다.

"저는 현재 농협은행 잠실중앙지점 PB 고객입니다. 아직도 1980년대 개설했던 11자리 계좌 번호가 쓰인 통장을 그대로 사용하고 있는 농협의 오랜 벗입니다. 신문은 농민신문을 받아 보고 있습니다. 농민

신문이 오는 월수금이 늘 기다려집니다. TV는 NBS(한국농업방송)를 즐겨 봅니다. NBS 농민노래자랑이 제일 좋아하는 프로그램입니다."

그리고 슬라이드로 논에서 흙 한 삽을 뜨는 장면을 보여주며 이어 나갔습니다.

"이 한 삽의 흙에는 모든 인구보다 많은 생명이 살고 있습니다. 아직 밝혀내지 못한 무한 성장 가능한 생명이 더 많습니다. 큰 금융 기관도 무너지는 세상입니다. 하지만 이 땅의 흙이 없어지지 않는 한 농협은행의 생명은 영원할 수밖에 없습니다. 이 땅과 함께하는 가장 확실한 은행, 농협은행에서 인사드리게 되어 기쁩니다."

이 멘트 덕분에 폭발적인 반응을 얻고 시작했습니다. 이러면 보통 강의 끝까지 좋은 반응이 이어집니다. 이후에도 오랫동안 농협 내에서 '한 삽' 멘트가 회자되었다고 들었습니다.

전남 여수 엑스포에서 수협의 임원, 관리자 대상으로 강의를 했습니다. 첫 오프닝은 이러했습니다.

"영국 플리머스 대학의 해양생물학자 니콜라스 힉스(Nicholas Higgs)는 이런 말을 했습니다. '과학자들은 지금까지 바다의 5%도 탐험하지 못했고, 그나마 알고 있는 것은 1%도 안 된다. 바다를 탐험하면 할수록 끊임없이 놀라움으로 가득한 세계를 보게 된다.' 인류 자원의 보고인 해양 산업의 금고 열쇠를 쥐고 계신 엄청난 분들 앞에 서게 되어 감개무량합니다."

2부 상품의 얼굴을 만드는 시그니처 언어

역시 함성과 박수를 받았습니다. 그리고 강의를 시작도 하기 전에 청중의 얼굴이 부드러워지는 것을 경험했습니다.

그러니 여러분도 큰 행사를 준비 중이든 단 한 명의 고객을 만나든 간에 화자 지향적 멘트가 아닌 **청자 중심적 맞춤 멘트** 위주로 짠다면 훨씬 좋은 반응을 얻을 수 있을 겁니다. 고객 정보를 최대한 수집해 그의 관심사, 기호, 염려에 맞는 맞춤 언어를 사용하시길 바랍니다.

어느 날 고속도로를 타고 경상도를 지나가는데 전광판에 도로공사 문구가 떴습니다.

'자불지 마이소('잠들지 마시오'의 경상도 방언).'

이거다 싶었습니다. 그 이후 전국에서 사업 설명회를 진행할 때면 늘 그 지역 방언 문구를 슬라이드에 넣습니다.

한 기업의 전국 사업 설명회를 맡아 수년째 진행하고 있습니다. 타사보다 임금을 더 많이 준다는 점을 어필할 때 무대 슬라이드 문구를 각 지역에 맞게 다르게 노출했습니다.

제주도 사업 설명회 때였는데 '수수료(소득)를 많이 준다고 아무리 말해도 모릅니다'를 토박이들만 아는 문구로 바꾸었습니다.

'아명 고라도 몰라마씀(아무리 말해도 모릅니다).'

문구가 나오기가 무섭게 참석한 분들 모두가 박장대소를 했습니다.

부산 사업 설명회 때는 이런 문구를 노출했습니다.

'도이 뭐 중요하노 내사 개안타 마소('돈이 뭐 중요하냐 난 괜찮습니

다' 하지 마세요).'

'마이 준다 카는데 알라 오줌 만키로(많이 준다고 하더니만 아기 오줌 정도로 찔끔 주냐고요)?'

역시 폭소가 터졌습니다.

저는 금융 상품 법인 설명회를 할 때면 주 타깃에 맞는 공략 문구 한 줄을 다음과 같이 노출한 채 진행합니다. 그 키워드가 청중을 설득하는 내내 제 멘트의 중심이 되어 대상에게 심어집니다.

(주 고객이 1970년대생일 경우)

'한국 경제는 X세대가 허리다'를 키워드로 계속 노출해놓고 이렇게 말했습니다.

"지금 한국 경제는 X세대가 허리라는 말이 있습니다.

무슨 말이냐면 노동하는 모든 근로자들의 중간 나이를 조사했더니 1974년에는 36.3세였습니다. 그 당시에는 30대 청년층이 근로자 대부분을 차지했다는 겁니다. 세월이 흘러 1999년에 처음으로 근로자 중간 나이가 40대로 올라갔습니다. 2004년에는 41.1세가 근로자 중간 나이였고요. 2014년에는 44.2세였습니다. 2018년에는 45.3세였습니다.[16] 3년이 흘렀으니 지금은 48세 정도 된단 얘기죠. 우리 나

---

16 통계청 일자리행정통계 발표, 2021.

이로 49세 정도입니다.

딱 우리 고객님 나이 정도죠. 문제는 고객님은 지금 중간 근로자 나이가 된 거니까 지금까지 노동한 세월만큼 앞으로도 그만큼 더 노동하고 사셔야 한다는 겁니다. 더 큰 문제는 중간 근로자 나이가 계속 올라가고 있다는 것입니다. 향후 50대, 60대, 70대가 되어도 여전히 중간 근로자 나이일지 모릅니다. 이러다간 죽는 날까지 은퇴 못하실지 모르겠습니다."

(주 고객이 1960년대생일 경우)

'80년대 학번의 대학 시절은 ABC'를 키워드로 노출해놓고 이렇게 말했습니다.

"80년대 학번의 대학 시절은 ABC로 묘사할 수 있습니다.

A alcohol, B billiards, C cigarette. 술 마시고 당구 치고 담배 피우고…. 지금 생각해보면 그때 그 술값, 당구비, 담뱃값으로 주식 샀으면 지금 내가 부자가 됐을 텐데, 하는 생각 들지 않나요? 바로 그겁니다. 과거는 통제할 수 없지만 미래는 얼마든 원하는 대로 바꿔나갈 수 있죠. 지금의 현실도 미래에 가선 후회하지 않을 자신 있으십니까? 걸무새(어떤 일에 대한 뉘우침이나 아쉬움을 앵무새처럼 반복하는 사람)는 현실에선 외쳐도 미래에선 외치지 마세요."

(주 고객이 1950년대생일 경우)

'은퇴 후 꿈은 세 가지'를 키워드로 노출해놓고 말했습니다.

"한국인의 은퇴 후 꿈은 세 가지입니다.

제가 이 업을 하면서 은퇴한 후 꿈이 뭐냐고 여쭤보면 거의 예외 없이 3개라고 하십니다. 한국 사람들 누구라도 이 세 가지만 꼽습니다. 첫 번째로 한적한 곳에 전원주택 짓고 살고 싶다고 말합니다. 둘째는 여행을 많이 다니고 싶다고 말합니다. 그리고 세 번째는 봉사 활동 하면서 살고 싶다고 말합니다. 거의 똑같습니다. 현실은 천만의 말씀입니다.

노인 빈곤율이 노르웨이가 1.5%, 덴마크는 1.7%, 네덜란드는 3.6%입니다. 못산다는 동유럽 폴란드도 6.5%이고 호주 7.6%, 영국 7.9%, 캐나다 8.5%, 독일 10.2%, 미국 19.3%, 대만은 26.6%입니다.

한국 노인 빈곤율은 딱 절반입니다(전체 노인의 48.8%). 2명 중 1명은 괴롭게 가난합니다.[17]

옆의 분 얼굴 한번 보시죠. 그 사람 아니면 여러분이 앞으로 가난하게 살 겁니다. 꿈과는 너무 거리가 먼 현실을 삽니다. 꿈을 현실로 만드는 열쇠는 돈입니다. 소득이 노후의 색깔을 좌우합니다."

---

17 '혼자 사는 노인들, 여유로운 노년은 없다', 시사인, 2020.10.17.

(주 고객이 1940년대생일 경우)

'한국인은 만 73세를 기억'을 키워드로 노출해놓았습니다.

"한국인은 만 73세를 기억해야 됩니다.

은퇴를 언제 하실 생각이냐고 젊은이들에게 물으면 관성적으로 60세 이전이라고 말합니다. 요즘은 마흔에 경제적 자유 선언을 하겠다는 말도 하죠. 현실은 천만에입니다. OECD 주요국 은퇴 연령은 남성 기준 프랑스 59.7세, 독일 62.1세, 네덜란드 63.6세, 영국 63.7세인데요. 이에 반해 한국은 71.1세입니다.[18] 한국이 가장 늦습니다. 2020년 65세 이상 노인의 경제활동 참여율은 36.9%로, 한국 노인 3명 중 1명이 못 쉬고 일합니다.[19] 5집마다 1집은 가장이 65세 이상입니다.

외국 속담에 죽어라 일만 하다가 정말 죽을 수 있다는 말이 있습니다. 경제적 자유를 앞당기고 싶으시죠? 방법은 바로 이겁니다."

위 내용을 보면서 나이대를 공략하는 문구에 공감하셨을 겁니다. 이처럼 같은 상품도 각 세대에게 맞도록 커스터마이징해야 합니다.

---

18 'OECD 주요국 남성 실제 은퇴 연령', 영남일보, 2019. 6. 7.
19 '노인 10명 중 7명 생계비 마련하기 위해 일한다', 보험매일, 2021. 6. 7.

" 말 한마디로 천 냥 번다 "

이번 장에서는 시그니처 언어에 대한 기법과 사례를 다루었습니다. 대상에게 맞추어야 하고, 특히 다윗의 돌과 같은 잘 만든 하나의 키워드로 승부하라는 것이 요지였습니다.

총선 후보자의 선전 문구를 비교·분석해본 결과 가장 많이 사용하는 단어가 '발전, 혁신, 변화'였습니다. 닳고 닳아서 눈에 보이지도 않는 뻔한 문구죠. 송파구 구의원 후보라면 잠실주공아파트 5단지 앞에서 "추가 지분 3억 확보하겠습니다"라고 하면 그 주민들에게 어필할 수 있겠죠. 바로 다리(잠실대교) 건너 광진구 건대사거리에서는 "지상철 2호선 지하로 집어넣어 소음을 없애겠습니다"라고 하면 역시 그 지역민들에게 정확히 먹힐 겁니다.

이런 식으로 그 지역에 맞는 맞춤형 공약을 내세우는 것이 발전,

혁신, 변화 같은 뜬구름 잡는 말보다 백배는 더 크게 와닿습니다.

언어는 기성품이 아닙니다.

소비자가 문구를 봤을 때 '나에게 이야기하고 있구나'

라는 기분이 든다면 그 문구는 성공한 것입니다.

대상에게 맞는 언어를 커스터마이징해야 합니다.

또 그 언어는 강력한 한 방이어야 합니다.

고가의 시계 브랜드 예거 르쿨트르를 세일즈 코칭하면서 시계를 판매하는 분들에게 비싼 시계를 파는 시그니처 멘트가 있다는 걸 알았습니다. 시계 가격을 보고 소비자가 놀란 눈빛을 발사할 때 "아름다운 건 원래 비쌉니다. 그래서 아름다운 건 누구나 갖지 못하는 거죠"라고 하면 수긍하는 눈빛으로 바뀐다는 겁니다.

물론 내 상품에 대해 어필하고 싶은 점이 오죽 많겠습니까? 누구나 그렇습니다. 그러나 메시지가 많아지면 시답지 않아집니다.

넷플릭스증후군은 실제 콘텐츠를 보는 시간보다 무엇을 볼지 검색하는 시간이 더 길거나 선택하지 못해 시청을 포기하는 것을 의미합니다. 이처럼 선택권이 많아진 것이 오히려 소비자의 결정을 방해하는 새로운 요인이 되었습니다. 따라서 선택지를 줄이는 것은 언제나 정답입니다.

밤이 길면 꿈이 많아지는 법(夜長夢多)입니다. 말이 길면 빠져나갈 이유도 많아지기 마련입니다. 양손으로 물을 퍼 올리면 시간이 길어질수록 손가락 사이로 모아둔 물은 노력해봐야 다 빠져나갑니다.

그러니 강한 단 하나의 다윗의 돌만 준비해야 합니다. 그것이 당신의 시그니처 언어가 됩니다.

시그니처 언어는 천 냥을 벌게 해주는 한마디입니다.

3장

첫 줄로 낚는
오프닝 문구

" 누가 봐줘야 상품성 있는 언어다 "

누가 봐줘야 화가입니다. 아무리 뛰어난 그림을 가지고 있어도 자기 집에만 쌓아놓으면 그 사람을 '그림 좋아하는 사람'이라 부르지 '화가'라고 하지 않습니다. 글솜씨가 아무리 뛰어나도 팔리는 글이 아니면 마케팅 입장에서는 일기에 지나지 않습니다. 저처럼 서점에 내다 팔아야 작가입니다.

상품 언어도 마찬가지입니다. 상업적 측면에서 봐주지 않는 언어는 죽은 겁니다. 따라서 오프닝 문구에서 가장 중요한 건 흥미를 끄느냐 하는 것입니다. 흥미를 끌지 못하면 고객은 외면하고 그 글의 효용성은 없어집니다. 고객의 마음의 문을 여는 첫 단계는 오프닝 문구입니다.

여기서 **오프닝 문구란 고객과의 첫 접점에서 노출되는 간단(simplic-**

ity)하고 명료(clarity)한 매우 짧은 문구를 말합니다. 오프닝 언어는 어필하고 싶은 점까지 길을 터주는 '**유도 문구(leading phrase)**'라고 보면 됩니다. 소비자의 시선을 잡기만 하면 되는 '**문전 걸치기 전략 (foot-in-the-door technique)**'입니다.

광고나 마케팅에서는 MoT(Moment of Truth, 의사 결정을 하는 결정적 순간)를 잡는 것이 제일 중요합니다. MoT는 스페인 투우 용어에서 유래했는데, 투우사가 소의 급소를 찌르는 결정적인 상황을 의미합니다.

업계에서는 고객이 기업의 상품이나 서비스를 접하면서 기업 전체의 이미지를 결정하게 되는 15초 내외의 짧은 순간을 뜻합니다. MoT가 중요한 이유는 고객과의 접점에서 전체를 판단하게 하기에 기업 또는 상품 전체 이미지가 결정되기 때문입니다. 만약 MoT에서 나쁜 이미지를 하나라도 주면 전체가 망가집니다. 따라서 MoT의 마케팅 곱셈 법칙은 (100-1=99가 아니라) 100×0=0입니다. 당신이 저를 만났을 때 활짝 미소 지으며 악수를 청하는 모습이 아니라 코를 심하게 후비는 모습이 첫인상이었다면 이후 제가 무슨 짓을 해도 저의 이미지를 극복하는 건 쉽지 않겠지요. 그처럼 오프닝 문구는 첫인상과도 같기에 매우 중요합니다.

오프닝 문구는 잠자는 내 상품을 알리는 첫 신호이며 고객에게 말을 거는 호객 행위입니다.

" 오프닝 문구는 신문 1면 사진과 같다 "

신문 편집자의 모니터에는 매일 내외신 기사뿐 아니라 사진도 올라옵니다. 기자들은 사진 한 장을 찾기 위해 전 세계를 뒤집니다. 기자들과 이야기를 나눠보면 그렇게 해서 주요 일간지 기준 신문 편집자의 모니터에는 매일 내외신 사진이 7,000장 올라온다고 합니다. 그중 한 장이 1면을 장식합니다. 그럼 어떤 사진이 간택될까요? 말해 뭐 하나요. 단박에 시선을 사로잡을 사진입니다.

오프닝 문구는 신문의 1면 사진과도 같습니다. 첫 줄에 사로잡지 못하면 물 건너간 겁니다. 뒤이어 아무리 멋진 상품 문구를 적어놓으면 뭐 합니까? 첫 줄에서 시선을 잡아야 나머지를 보게 됩니다.

서열 위치 효과(Serial Position Effect)라는 심리 용어가 있습니다. 고객과 길게 상담을 나누었을 때 중간에 위치한 단어보다 첫 부분과 끝부분에 위치한 단어를 더 잘 기억하게 되는 현상을 말합니다. 결국 서론과 결론이 제일 중요하다는 말입니다. 마치 학창 시절에 수업 내용은 하나도 기억나지 않고 수업 전후로 "차렷, 경례!" 했던 기억만 확실한 것과 같습니다.

그중에서도 서론에 해당하는 오프닝이 중요합니다.

점화 효과(Priming Effect, 點火效果)란 말이 있는데, 앞서 접한 정보가 다음에 접하는 정보의 해석·이해에 영향을 주는 심리 현상을 말합니다. 그래서 코카콜라는 뉴스가 끝난 직후 광고를 노출하지 않습니다. 사회적으로 부정적이고 안 좋은 일들을 시청한 후 불편한 심리 상태에서 광고를 접하면 손해이기 때문입니다.

따라서 오프닝에서 상대를 잘 잡아야 뒤이어 실타래 풀리듯 풀어갈 수 있습니다. 아무리 멋진 상세 페이지를 만들어도 클릭하게 만들려면 오프닝에 해당하는 제목이 중요합니다.

클릭하고 싶어 안달하게 만들려면

오프닝 문구에 승부를 걸어야 합니다.

" 반 줄 오프닝 문구로 우선 잡고 보라 "

이제는 한 줄도 깁니다. '반 줄 오프닝' 문구에서 잡아야 합니다. 한 줄이면 가독 시간이 벌써 1초가 넘습니다.

이러닝 플랫폼 수강생이 다음과 같은 질문을 했습니다.

"코로나 이슈로 알코올 소독솜을 판매 중입니다. 현재 제 상세 페이지의 첫마디가 '알코올! 먹지 말고 닦으세요' '1장 20원의 가치를 증명하겠습니다'입니다. 별로인가요?"

정말 별로죠. 초보 셀러가 분명합니다. 알코올 솜을 술(알코올)에 비교하다니요. 오프닝 문구는 그저 의미 없는 유희용이 되어선 안 됩니다. 그 자체가 문제 해결을 담는다면 가장 좋습니다. 제가 바꿔 드린 문구입니다.

메인 오프닝 문구: **'손 씻기보다 폰 씻기'**

서브 문구: '아무리 씻어봐야 오염된 폰 만지면 무슨 소용. 폰 씻기와 자판 씻기 생활화.'

같은 분의 두 번째 문구입니다.

'보험은 왜 가입하시나요? 보험처럼 바이러스도 미리 대비하십시오.'

역시 아니죠. 보험은 일이 터진 후 사후 관리 용도입니다. 알코올 솜은 사전 관리 용도이고요. 보험은 무형 상품입니다. 알코올 솜은 유형 상품이고요. 비교 대상으로 적절하지 않습니다.

메인 오프닝: **'아파트 관리 비용과 보수 비용, 어느 게 클까요?'**

서브 문구: '일 터지고 난 뒤 보수 비용이 사전에 케어하는 관리 비용보다 몇 배나 크다는 사실. 바이러스와 세균 감염으로 온 가족 고생 전에 미리 쓱 뽑아 쓱 닦자.

쓱~ 닦아 세균 쓱~ 날리는 ○○스~왑(SWAP).'

이렇게만 바꿨는데도 매출이 확 늘어납니다. 이처럼 처음에는 가벼운 오프닝 문구만 제시해야 잡힙니다. 늘 그렇듯 우선 잡고 보는 게 중요합니다. 일단 잡기만 해도 5부 능선은 넘은 겁니다.

오프닝 문구는 평소 관심 밖의 대상에게도 호기심을 불러일으켜

끌어들입니다. 가장 널리 알려져 있지만 가장 관심 없는 것, 또는 가장 많이 알려져 있지만 가장 모르고 있는 것에 집중시켜보겠습니다. 바로 5G입니다. 5세대 이동통신인 5G를 수없이 들었고 심지어 매달 내는 요금이 5G 요금제여도 그게 뭔지 대부분 모릅니다. 통신사 대리점 직원들은 비싼 5G 요금제를 권유해야 하는 데다 바쁜 고객을 한 번에 쉽고 빠르게 설득해야 합니다. 그러기 위해서는 오프닝 문구를 이렇게 만들면 됩니다.

'5G가 대체 뭐야? 초초초만 기억하세요.'

이러면 우선 시선이 잡힙니다. 그런 다음 논리를 이어가면 됩니다.

초고속, 초저지연, 초연결입니다.

초고속으로 20배 속도가 더 빨라지고

초저지연으로 10배 더 지연 시간이 줄어들고

초연결로 10배 더 많은 기기를 연결합니다.

그런 다음 여유가 되는 고객이 있다면 더 풀어주면 됩니다.

초고속 = 2GB 영화 한 편 다운받는 데 걸리는 시간
4G는 16초, 5G는 0.8초 → 20배 더 빠름
초저지연 = 데이터 지연 시간
4G는 10ms, 5G는 1ms → 10배 지연 시간 줄어듦
초연결 = 1km 내 연결 가능한 기기 수
4G는 10만 대, 5G는 100만 대 → 10배 더 연결

2부 상품의 얼굴을 만드는 시그니처 언어

바로 이 마지막 설명을 시작부터 꺼낸다면 소비자는 이해하기 힘들어하고 알려고 하지도 않습니다. 처음엔 가벼운 오프닝 문구로 잡아야 합니다.

교재비가 사악한 한 영어 교육 브랜드의 마케팅을 맡았습니다. 비싼 제품을 선택하게 만들려면 오랜 시간 열심히 설명하고 애써야 간신히 팔릴 것 같죠? 그렇지만 단 2개의 오프닝 언어로 구매를 폭발적으로 늘렸습니다. 제가 아이디어를 내서 대박을 낸 사례인데, 일명 '그녀가 조개를 판다'와 '알래스카' 오프닝입니다. 부모들에게 보여줄 직접 판매 영상(대고객용 세일즈 영상)을 두 편 제작했는데, 첫 번째 영상은 검은 화면에 단 한마디만 등장하며 시작합니다.

'읽어보세요', 그리고 잠시 뒤에 'She sells' 'seashells', 2개의 오프닝 문구가 나옵니다.

이어지는 영상에서는 리포터가 길에서 만난, 자녀를 둔 부모님들에게 이 두 영어 문구를 읽어보라고 권하는데, 대부분 제대로 구별해서 발음하지 못합니다. 인터뷰 중에는 영문학을 전공했다고 말하는 이도 있었습니다. 그런데 그들의 발음을 영어 원어민들에게 들려주자 갸우뚱거리며 전혀 못 알아듣겠다는 표정을 짓습니다. 이어서 이 브랜드로 공부한 아이들이 발음하는 모습이 나오고, 그 발음을 원어민들에게 들려주자 모두 "우리가 발음하는 것 같다. 발음이 현지인처럼 정확하다"면서 인정합니다. 얼마나 간단하면서 흥미를 유발하는 오프닝 언어입니까?

두 번째 세일즈 영상도 '뭐라고 말했을까요?'라고 시작됩니다. 그리고 한 영어 원어민이 이렇게 말하는 것처럼 발음합니다.

'알래스카.'

그리고 부모님들에게 인터뷰를 하니 열에 아홉은 "알래스카라고 말하는 거 같은데요"라며 서로 갸우뚱거립니다. 그리고 화면 아래에는 '결코 연출 없는 실제 실험입니다'라는 자막이 나오고 교재로 공부한 아이들에게 물어보는 모습이 나옵니다. 그러자 아이들은 "자기가 물어본대요" "언니한테 물어볼 거래요" 하는 식으로 대답합니다. 그리고 아까 말한 알래스카라는 발음의 영어 자막이 드디어 등장합니다.

'I will ask her.'

이 단어를 원어민이 연음으로 빨리 읽으면 영어를 잘 못하는 비영어권 사람들에게는 알래스카라는 단어처럼 들립니다. 그리고 마지막으로 '영어는 실전입니다. 교과서 밖의 세상을 가르치세요'라는 문구가 나오며 이 교재 브랜드 로고가 등장합니다. 이렇듯 '그녀는 조개를 판다'와 '알래스카'라는 이 간단한 오프닝 언어로 흥미를 사로잡았고, 그 결과 가입자 수가 늘어났습니다.

엄마, 아빠보다 먼저 배우는 말 '아파'

집보다 익숙한 병원, 장난감보다 익숙한 주삿바늘

가족의 슬픈 사과 '아프게 낳아줘서 미안해'

빈곤 가정 희귀 질환 아기들 후원을 위한 초록우산 어린이재단 오프닝 문구입니다. 이 문구 옆에 후원하기 클릭을 배치했습니다. '어려운 아이를 위해 후원해주세요'라는 문구는 눈길을 끌지 못하지만, 이렇게 오프닝 문구로 사로잡은 다음 목적을 밝히면 고객 '밀당' 승률이 높아집니다.

눈으로 1초 만에 쓱 읽고 호기심을 자아내는 오프닝 문구로 고객을 낚으시길 바랍니다.

" 입 떼기 기술로 시작하라 "

오프닝 문구는 노출 문구만 봐도 나머지를 더 듣거나 보고 싶게 만드는 흥미 요소를 지니고 있어야 합니다. 간단한 한 줄 문구를 보거나 듣고 그 뒤 이야기도 듣고 싶게 만드는 것을 '입 떼기 기술'이라고 합니다.

상세 페이지를 구성하거나 고객과 소통할 때 흥미를 자극하는 오프닝 문구를 투척하거나 입 떼기로 상담의 포문을 여는 것입니다. **즉 초반에 고객의 시선을 사로잡으려면 호기심을 자극하는 오프닝 문구로 승부를 봐야 합니다.**

최근 한 금융사의 온라인 페이지 문구와 TM 상담 화법을 교육 영상으로 만든 적이 있습니다. 효과가 굉장히 좋았던 것들이니 참고하십시오.

인생은 트리플 서티입니다.(입 떼기) '30년까지 성장하며 교육받고 30년은 독립해서 경제활동하고 30년은 제2의 인생을 살고'라는 뜻입니다. 초반 30년은 부모에게 의지하는 시기니 패스. 은퇴 후 30년은 돈 쓰며 소비하는 시기니까 패스. 그러면 결국 돈을 벌 수 있는 시간은 내 인생의 가운데 3분의 1뿐입니다. 지금 딱 그 시기를 잡으세요.

재테크는 모, 굴, 지라는 말이 있습니다.(입 떼기) 모으고 굴리고 지키고. 이건 순서대로입니다. 먼저 모아야 되고 그걸 굴려야 되고 그걸 지켜야 됩니다. 한국인은 이 중 모가 빠졌습니다. '오로지 굴리고 지키고'에만 관심 있습니다. 부동산, 주식, 가상화폐로 어떻게 굴릴까, 또 어떻게 지킬까에만 집중합니다. 하지만 굴리고 지키려면 먼저 모아야죠. 총알을 채워야 전쟁에 나가듯 재테크 전쟁에 뛰어들려면 저축이 기본입니다.

은퇴 후 꿈은 5자(籽)입니다.(입 떼기) 먹자! 놀자! 쓰자! 웃자! 베풀자! 한국 노인에겐 꿈같은 얘기입니다. 현실은 5고(苦)를 외칩니다. 아프고! 돈없고! 외롭고! 우울하고! 힘없고!

고객님은 어느 쪽입니까? 이런 비명 지르지 않으시려면 지금 결심이 필요합니다.

누구나 나이 육십이 되면 둘 중 하나가 됩니다.(입 떼기) 돈만 쓰는 사람과 돈만 버는 사람. 어느 쪽이십니까? 60세 이후 돈 나올 구멍 없이 40년을 더 먹고 쓰고 살아갈 생각을 하면 지금 뭐라도 해야겠다고 정신이 번쩍 듭니다. 그 시작 단추를 채워드리겠습니다.

돈은 직장이 아니라 시장에 있습니다.(입 떼기) 코스닥 시장, 코스피 시장, 다우존스 시장, 닛케이 시장 등 모든 돈은 시장에 몰려 있습니다. 코스닥과 코스피에서 하루 평균 20조나 되는 돈이 굴러다닙니다. 고객님이 건지셔야죠. 물고기를 낚으려면 물고기 많은 곳으로 가야 됩니다. 돈을 건지려면 시장에서 건지셔야죠. 돈 복사는 시장에서 이뤄집니다. 이제 주말이 즐거운 게 아니라 주식장 열리는 평일이 더 즐거워집니다. 주식이 답입니다.

오복(五福)은 결국 돈이라는 말이 있습니다.(입 떼기)

1. 수: 장수하는 것. 오래 살려면 돈이 필요합니다. 사람은 죽을 때까지 사는 게 아니라 돈 있을 때까지 삽니다.
2. 복: 부유하고 풍족하게 사는 것. 이 자체가 돈입니다.
3. 강녕: 평생 건강하게 사는 것. 돈이 있어야 더 건강하게 삽니다.
4. 유호덕: 이웃을 위해 베풀며 사는 것. 돈이 있어야 이웃에게 베풀겠죠.

5. 고종명: 편안히 일생을 마치는 것. 돈이 있어야 편안히 좋은 곳에서 삶을 마감할 수 있죠.

1%가 반을 먹고 있다는 말이 있습니다.(입 떼기) 금융계에서 쓰이는 말인데, 사실 이게 진실입니다. 전 세계 상위 1% 부자가 지구상 전체 부의 딱 절반(47.2%)을 갖고 있습니다. 전 세계 상위 10% 부자가 지구상 전체 부의 85%나 갖고 있습니다.

반대로 **절반이 1%도 못 먹고 있다(입 떼기)**는 말도 있습니다. 전 세계 20세 이상 인구 중 하위 50%가 가진 자산이 전 세계 부의 1%도 안 됩니다. 불공평하죠? 억울하죠? 금융은 불공평해야 돌아갑니다. 다수가 잃어야 소수가 따니까요. 하위 다수가 되시겠습니까? 상위 소수가 되시겠습니까? 우리와 인연을 맺는 순간 그 소수의 특권을 누리시게 됩니다.

누구에게나 7대 자금이 필요합니다.(입 떼기) 첫째, 생활 자금, 둘째, 주택 자금, 셋째, 자녀 교육 자금, 넷째, 그 자녀들의 결혼 자금, 다섯째, 은퇴 후 써야 할 은퇴 자금, 여섯째, 아프고 다치면 써야 할 치료 자금, 마지막 일곱째, 가장이 사망하고 나면 소득이 끊긴 가족이 문제없이 살아갈 사망 자금입니다. 이 일곱 가지 필수 자금은 반드시 필요하고 준비해야 한다는 것에 동의하시나요?

다음은 많은 고객을 사로잡은 건강 상품 오프닝 문구입니다.

고3은 몰려다닌다.(입 떼기) 고지혈, 고혈압, 고혈당(당뇨병)을 합쳐서 고3병이라고 합니다. 고3은 친구들과 몰려다니길 좋아하죠. 마찬가지로 고3병도 각자 따로 노는 게 아니라 다 함께 몰려다니면서 나타나는 겁니다.

고지혈이 있으면 고혈압도 함께 겪습니다. 고혈압 있는 사람은 보나마나 당뇨병도 있습니다. 당뇨 있는 사람은 보통 고지혈 증상도 겪습니다. 왜 그럴까요? 혈관에 중성지방이 잔뜩 끼면 고지혈이 생깁니다. 고지혈이 생기면서 혈관 내벽이 좁아지면 고혈압이 생기죠. 고혈압은 인슐린 작용을 방해해 당뇨병을 일으킵니다. 그런 이유로 고3병은 몰려다닙니다.

옛말에 울고 싶은데 뺨 때린다는 속담이 있습니다. 이 고3병 중 하나라도 만나면 나머지도 동시에 올 확률이 높아집니다. 거기서 끝나는 게 아니라 혈관이 망가지면 심혈관, 뇌혈관 질환도 생깁니다. 심혈관, 뇌혈관 질환은 치매의 주요 요인이 됩니다. 건강이 그렇게 도미노 무너지듯 합니다. 미리 준비하시는 것이 낫습니다.

이처럼 당신도 고객과의 대화에서 입 떼기 문구로 시작할 수 있으며 온라인상이라면 입 떼기 문구를 영상으로 구현할 수도 있고, LMS나 DM으로도 보낼 수 있습니다. 옷을 입을 때 단추를 중간부터 채우는 이는 없듯, 처음 접하는 문구를 중간이나 끝부분부터 보는 사람은 없습니다. 첫 줄부터 읽다가 더 읽어 내려가거나 흥미가 없으면 멈춥니다. 따라서 첫 줄에서 시선을 사로잡는 것을 목표로 해야 합니다.

떡밥 언어를 던져라

물고기 잡을 때만 떡밥이 필요한 게 아닙니다. 사람을 낚을 때도 떡밥 언어가 필요합니다. 떡밥 언어만 잘 만들어도 고객을 찾아갈 때 자신감이 업됩니다.

낚시는 2단계로 이루어집니다. 물고기가 찌를 물었을 때와 그 물고기를 끌어 올릴 때입니다. 이것은 순서입니다. 우선 물어야 합니다. 그러니 우리도 고객이 떡밥 언어를 먼저 물게 만들어야 합니다.

늘 그렇듯 가망 고객은 많지만 내 고객은 없습니다. 가망 고객을 내 고객으로 만드는 첫 단계는 그의 정신을 자극해 눈과 귀를 낚는 것입니다. 그러려면 떡밥 같은 한 문장을 던져봐야 합니다. '무나 안 무나' 보고 일단 물면 2단계로 전달하고자 하는 메시지를 펼쳐나가면 됩니다. 해볼까요?

'밥상에서 석유를 먹는다.'

'밥상 음식은 석유가 점령했다.'

'당신의 밥상 음식은 석유다.'

'맛집일수록 석유를 섞는다.'

이 네 가지 떡밥 언어 중 어느 게 제일 크게 와닿나요? 다 믿기 힘든 말 같지만 사실입니다.

'하루에 섭취하는 식품첨가물 개수가 200개가 훌쩍 넘고 편의점 김밥 한 줄에만 52가지 첨가물이 들어간다고 합니다.[20] 각각의 식품은 하루 섭취량을 준수하니 괜찮지만 많은 음식이 위로 들어와 섞이면 각각의 첨가물이 독으로 변합니다. 육류에 쓰이는 방부제 아질산나트륨과 어묵에 쓰이는 소브산칼륨이 만나면 발암물질이 됩니다. 음료수, 마요네즈에 방부제로 쓰이는 안식향산나트륨은 비타민 C가 함유된 음식물과 만나면 독성이 강한 벤젠이 됩니다.

식품첨가물은 많은 경우 석유에서 뽑아낸 물질입니다. 식품첨가물을 한번 먹는다고 당장 병에 걸리는 것은 아닙니다. 서서히 병들어가게 합니다. 유명 맛집일수록 더 많은 식품첨가물을 넣는다는 뉴스 보도를 보셨나요? 이렇듯 우리는 식품첨가물에 익숙해져서 이걸 넣지

---

20 '어묵·햄 같이 볶은 반찬, 아이 식단에서 빼세요', 중앙일보, 2019. 5. 13

않으면 음식이 맛이 없어 식사를 하지 못할 지경이 되었습니다.

자연 상태의 원물을 드십시오. 밭에서 캐 그 어떤 인위적 손길도 닿지 않은 우리 ○○ 식품을 추천합니다.'

'매주 신용카드 한 장 먹는다.'

'당신이 매주 먹는 미세 플라스틱 양입니다. 세계자연기금(WWF)이 호주의 뉴캐슬 대학과 실시한 플라스틱 인체 섭취 평가 연구에 따르면 매주 지구인 1인당 5g의 미세 플라스틱을 먹는다고 합니다. 매월 칫솔 1개 무게인 21g을 먹습니다. 우리 몸이 얼마나 병들고 있을까요? 오염되지 않은 순수 식품 ○○을 드십시오.'

'서울 시민은 애 어른 할 것 없이 하루 담배 한 대씩!'

이건 또 무슨 떡밥 언어일까요?

'버클리 어스(Berkely Earth)라는 비영리 과학자 단체가 도시의 대기오염 수준을 하루 몇 개비의 담배를 피운 것과 맞먹는지 환산하는 방식을 개발했는데, 이 방식에 서울시 초미세 먼지 수준을 대입해보면 서울 시민 1명당 1년에 담배 19갑을 피우는 꼴이 됩니다. 다시 말하면 적어도 하루에 1개비씩 피우는 셈입니다. 그러니 비흡연자라고 안심하지 마세요. 당신과 당신 가족은 매일 담배 1대씩 피는 골초 집안인 셈입니다.'

이런 문구를 제시하면 공기 사업 아이템이나 관련 건강 보조제를 팔거나 하다못해 마스크라도 팔 수 있습니다. 또는 폐 질환의 위험성을 상품과 연관 지을 수 있겠죠.

다음은 제가 코칭해서 온라인 상세 페이지 문구를 만들어드렸거나 제 수업을 듣고 적용해 실제 매출로 이어진 떡밥 문구들입니다.

'곧추, 모든 의자의 꿈입니다.

앉으세요. 곧추세워드립니다. - 자세 교정 의자'

'편식이 좋습니다.

좋은 것만 골라 드시는 편식이 필요합니다. - ○○ 건강식품'

사람들은 떡밥이란 어감을 부정적으로 인식하는 경향이 짙으나 실상 모든 마케팅과 세일즈의 시작은 소비자와의 첫 관계 맞음부터 출발합니다. 선택받고 싶지 않나요? 그러면 1초짜리 떡밥 문구를 개발해보십시오.

"2어절에 잡힌다"

최상의 문구는 2어절입니다. 고객은 2어절에 제일 잘 잡힙니다. 저는 이를 2어절의 법칙(2word Grouping's Law)이라 부릅니다. 음소가 모여 음절이 되고, 음절이 모여 어절이 되며, 어절이 모여 문장이 됩니다.

'아버지 ∨ 가 ∨ 방 ∨ 에 ∨ 계십니다.' (×)
'아버지가 ∨ 방에 ∨ 계십니다.'
　(어절)　　(어절)　　(어절)

어절 단위로 말을 하고 받아들여 이해하게 됩니다. 이때 말이 성립되는, 다시 말해 문장이 구성되는 최저 단위는 2어절입니다. 단 하나의 주어와 동사만으로 이루어지든 단 하나의 수식어와 명사로 존재하든 말이죠.

짧아야 들립니다. 짧아야 봅니다. 길어지면 외면합니다. 매장 사인이나 POP, 현수막 타이틀은 3어절만 넘어가도 사람들이 잘 읽지 않습니다. 대표적으로 자유 응답식 질문(단답식 질문보다 응답이 비교적 길어질 수 있는 자유로운 질문)이 그렇습니다.

미국 뉴욕에서 한 금융 투자회사 로비에 앉아 있는데, 제일 잘 보이는 로비 중앙에 금장식으로 멋들어지게 '당신이 추구하고 꿈꾸는 미래 삶의 모습은 어떤 것입니까?'라고 적혀 있었습니다. 이런 광범위한 대답을 요하는 자유 응답식 질문은 믿고 거릅니다. 로비에서 지나가는 고객들을 유심히 살펴봤지만 누구 하나 눈길을 주지 않았습니다. 물론 어쩔 수 없는 경우는 3어절이 넘어갈 수도 있겠지만 가능한 한 2어절로 만들어보십시오. 가독성이 높아집니다.

'**wet foot, dry foot**'이라는 문구는 2어절이라 한 번만 들어도 각인이 잘되고 기억도 오래갑니다. 2017년 미국 오바마 정부가 난민 인정 범위를 정리한 난민 정책을 발표했습니다. 이 정책을 2어절로 젖은 발(wet foot), 마른 발(dry foot)이라고 간단히 정했습니다. 미국으로 들어오려다 해상에서 붙잡힌 젖은 발 난민은 돌려보내고 일단 미국 땅에 발을 들여놓은 마른 발 난민은 영주권을 신청할 수 있다고 정한 것입니다. 복잡한 이민 정책을 누구라도 쉽게 이해하고 오래 기억되게 합니다.

안주 세트를 파는 제 이러닝 수강생이 만든 문구를 보시죠.

'혹시 와인만 준비하셨어요? 와인은 함께 먹는 음식과의 궁합이 중요한 것 아시죠? 이것을 마리아주 또는 페어링이라고도 하잖아요. 그래서 공들여 준비한 와인과 잘 어울리는 음식까지 챙길 수 있으면 좋겠죠. 하지만 멋진 음식을 요리하기도, 따로 준비하기도 힘든 당신을 위해 유럽의 전통적인 햄, 치즈, 크래커, 그리고 올리브 등 전문 와인 레스토랑에서 드실 수 있었던 다양한 구성의 풍성한 샤퀴테리 보드 플래터가 탄생했습니다.'

너무 길어서 소비자가 끝까지 읽지 않습니다. 제가 만들어드린 상품 문구를 보시죠.

'코로나 시대 이 세상 가장 안전한 My House Bar.'

'가장 편안한 모습으로 집에서 사랑하는 사람과 즐기세요.'

이 문구도 근사하지만 소비자는 이 정도도 읽지 않습니다. 그럼 2어절로 줄여볼까요?

'준비 시간 short, 즐기는 시간 long'

'열 체크 NO'

'QR코드 NO'

'마스크 NO'

'영업 종료 NO'

'애정 표현 Yes'

'음주 가무 Yes'

이렇게 모두 심플하게 2어절(또는 가능한 2어절에 가깝게)로 바꿀 수 있습니다.

제 고객사에서 반려동물 간식 브랜드 컨설팅을 의뢰했습니다. 저는 제품 콘셉트를 수의사가 직접 만든 간식으로 잡고 다음과 같이 소비자를 유혹하는 문구(leading phrase)를 만들었습니다.

'남이 만든 제품을 쇼닥터(유명 수의사)가 광고비만 받고 모델로 나와 추천한 제품이 아닙니다. OOO은 시작과 끝을 수의학 박사가 직접 처방한 제품입니다. 강아지의 치아 세척력 향상 및 영양 공급을 위해 반려견에 대한 오랜 임상 데이터와 부단히 반복된 실험을 바탕으로 성분 레시피와 제형감 모두를 고민해서 나온 최적의 결과물입니다.'

참고로 처방이란 말은 광고 심의 법규상 금지어인데 희한하게도 지자체 축산과의 심의에서 통과되었습니다. 또 인간이 먹는 식품과 달리 현행 사료관리법상 처방이란 단어를 아직까지는 금지어로 규정짓지 않고 있습니다.

이제 2어절로 만들어보겠습니다.

'의사 추천 제품 NO

의사 처방 제품 YES'

여기에 조금 더 덧붙이면 됩니다.

'의사 추천 제품 NO(제품 책임 NO)

의사 처방 제품 YES(무한 책임 YES)'

제 고객사인 패션 브랜드의 남성 팬티 홍보 문구인데 아무래도 남성들은 신체 특성상 면바지나 몸에 밀착되는 바지를 입으면 앞부분이 조금 부각되는 경우가 있습니다. 그걸 막아주는 팬티인데 문구가 '앞부분이 많이 부각되지 않도록 막아주는 기능성 팬티로서 점잖은 자리에 나설 때 안성맞춤입니다'라고 되어 있었습니다. 이것을 2어절로 바꿔보겠습니다.

'앞툭튀 끝.'

한번은 곰탕 프랜차이즈를 운영하는 대표를 만났습니다. 제가 만나본 요식업 대표들은 비슷한 말을 합니다. 자신이 판매하는 음식 재료가 남들 것과는 차원이 다르다는 사실을 강조하죠. 다른 곰탕집, 설렁탕집, 고기국숫집하고는 급이 다르다고 열변을 토합니다. 하지만 그걸 어떻게 한 방에 고객에게 어필할지는 모릅니다.

매장과 택배용 박스에 쓰여 있는 언어 문구를 점검해봤습니다.

'우리 식당은 잡뼈를 사용하지 않습니다. 국내산 사골만으로 12시간 끓입니다.

우리 식당은 수입산 냉동 고기를 절대 사용하지 않습니다. 막 도축한 신선한 냉장 한우만 사용합니다.'

이 문구를 어떻게 생각하십니까? 나도 쓰겠네, 싶죠? 이런 문구를 내세우지 않는 식당을 못 봤습니다. 너도나도 갖다 쓸 수 있는 뻔한 말로 고객을 현혹해 가게로 불러들일 수 있을까요? 어림도 없습니다.

가게만의 특징을 좀 더 다듬어서 표현하자면 이렇습니다.

'곰탕집, 설렁탕집, 고기국숫집의 흉악한 비밀을 아십니까? 충격적이게도 가게에서 직접 사골 육수를 만들지 않는다는 겁니다. 하루 종일 사골을 끓이면 인건비, 가스비, 재료비를 감당할 수 없기 때문입니다. 대형 식당일수록 거의 그렇습니다. 끓임없이 몰려드는 수많은 손님에게 곰국을 퍼주려면 24시간 끓여내도 양이 모자랍니다. 따라서 주방이나 홀에 가마솥이 보이지 않으면 백 프로 진액과 분말을 쓰는 식당입니다. 집에서 곰국을 끓이려고 해도 곰솥이 필요한데 수없이 많은 손님이 찾는 곰탕집에서 커다란 가마솥이 없다는 것이 이상하지 않았나요? 비밀은 제조 전문점이나 본사에서 보낸 엑기스와 분말에 물을 타서 손님상에 내놓기 때문입니다. 주로 깔끔한 인테리어를 자랑하는 설렁탕집은 거의 그런 충격적인 장사를 합니다. 직접 우려낸 사골 국물 한 그릇의 순수 원가는 3,000원입니다. 엑기스와 분말을 사용한 한 그릇 원가는 겨우 50원입니다.'

이러면 분명 차별화가 되지요. 하지만 역시 문구가 너무 깁니다. 2어절로 줄일 수 있을까요?

그럼요. 제가 만든 2어절 문구는 이겁니다.

'가마솥이 보이나요?'

간단하죠? 뭔가 싶어 일단 시선을 고정하게 합니다. 그리고 그 밑에 작은 글씨로 위의 나머지 설명을 배치하면 됩니다.

어떤가요? 2어절로 눈길을 잡기만 하면 고객은 나머지 문구까지 읽게 되고, 본인이 지금 먹고 있는 사골이 진실하다고 믿습니다. 이 문구가 성공적이라는 것은 이 문구를 매장에 붙인 이후 포장 손님이 늘었다는 점만 봐도 알 수 있습니다.

어학 애플리케이션이라면 '출퇴근 시간에 어학 공부하세요'보다 **'자투리 시간을 알토란 시간으로'**라고 2어절스럽게 바꾸는 것이 전달력이 높아집니다. 물론 반드시 2어절이어야만 하는 것은 아닙니다. 하지만 그런 원칙을 따르려 노력할 때 문구는 직관적으로 빨리 받아들여지게 됩니다.

" 물음표는 낚싯바늘이다 "

이 업을 오래 하다 보니 오프닝 문구를 마침표보다 물음표로 만드는 것이 매우 효과적이라는 사실을 발견했습니다.

물음표를 180도 돌리면 낚싯바늘이 됩니다. 그래서 내가 던진 질문은 누군가를 낚을 수 있습니다. 물론 무작정 던지는 물음표는 언어 쓰레기입니다. "한번 사용해보실래요?" "잠깐 들어와보시겠어요?" "만나 뵙고 인사 좀 드릴 수 있을까요?" 같은 목적 생략 물음표는 아니라는 겁니다.

"이미 하는 거(보험, 학습지, 금융 상품 등) 있다고 하셨는데 뭐 하고 계세요?" 같은 질문도 아닙니다. 상대는 당신에게 알려줄 의무도 없고 순전히 내가 궁금해서 질문하는 건 바람직하지도 않습니다.

제대로 된 낚싯바늘은 그 질문에 대해 스스로 추리하게 만드는 질문(Question to Reason on a Subject)이어야 합니다. 그 질문에 대해 곰곰이 생각할 수 있게 만들어야 합니다. 이런 질문은 마치 빙산의 윗부분과 같습니다. 그 질문의 본질적인 부분은 드러난 빙산 아래 숨겨져 있습니다. 그래서 질문에 대한 답을 얻으려고 추리해갈수록 밑에 있는 커다란 쟁점이 점점 드러나 전체를 인지하게 만들어야 합니다.

대중을 상대로 법인 영업(브리핑 영업)을 하는 이들에게 만들어준 세일즈 스크립트를 예로 들어보겠습니다. 상품은 간병보험으로, 스크립트로 제가 직접 법인 PT도 하고 강사들에게 전파해 전국적으로 수만 건 가입을 유도했습니다.

간병보험은 먼 미래에 몸을 가누기 힘들 정도로 불편하게 만드는 병에 걸리면 보험금을 지급하는 보험입니다. 당연히 당장 필요한 것도 아니고 젊은 사람들이 관심 가질 만한 상품도 아닙니다. 그래서 흥미를 자극하는 이런 물음표를 던지면서 시작하도록 지도했습니다.

'곧 일본 일자리 다섯 중 하나는 이 직업이다. 무엇일까요?'

이 문구를 슬라이드에 띄워놓고 답을 맞히는 이들에게 선물을 주는 퀴즈 방식으로 시작하게 했습니다. 판매원, 택시 기사, 사무직, 택배 기사, 편의점 알바생 등 다양한 답이 나왔습니다.

"정답은 간병인입니다. 앞으로 20여 년 뒤면 일본 일자리 다섯 중 하나가 이 직업이 될 것입니다. 조선일보 제목 기사 그대로 읽어드린 겁니다.[21] 고령화 악몽을 겪는 일본의 현실입니다.

일본은 현재 전체 취업자의 13%(823만 명)가 간병 관련 일을 합니다. 2040년이면 19%(1,065만 명), 1,000만 명 이상, 즉 취업 인구 다섯 중 하나는 간병인이 됩니다. 일하는 사람 다섯 중 하나는 노인 돌보고 있다는 뜻입니다.

일본은 인구 중 수가 가장 많은 세대를 단카이 세대라고 부르는데, 1947~1949년생을 말합니다. 20년만 지나면 이 단카이 세대는 90대가 됩니다. 그들의 자녀 세대인 단카이 주니어 세대, 즉 1971~1974년생도 그때는 70세를 목전에 둡니다. 일본에서 인구가 제일 많은 이 두 세대가 머지않아 노인이 됩니다. 일본은 지금 국민 4명 중 1명(28%)이 노인이지만 약 20년만 지나면(2040년) 국민 3명 중 1명(35%)이 노인입니다. 이제 한국으로 와봅시다.

한국에서 단카이 세대는 '베이비붐 세대'라고 하고 그 자녀 세대인 단카이 주니어 세대는 'X세대'라고 합니다. 한국도 이 두 그룹이 인구가 가장 많은 세대입니다. 모두 노인 될 시간이 머지않았습니다. 인생의 변수는 오래 아플 때입니다. 잘사는 이웃 나라 일본도 90일 이상 입원하면 사회적 입원 환자로 간주해 비용 전액을 환자가 부담하게 하고 있습니다. 그러므로 간병보험은 앞으로 천금 같은

---

21 '고령화 악몽… 日, 2040년 일자리 다섯 중 하나가 간병인', 조선일보, 2018. 5. 23

보물이 됩니다. 100% 확신합니다. 이유는 이들이 죽지 않기 때문입니다. 몸은 계속 고장 나는데 죽지는 않습니다. 빨리 늙고 빨리 아프고 오래 살고 오래 돈이 듭니다."

이러면 청중은 작은 물음표에 대한 답을 좇아 머릿속 여행을 시작하게 되고, 간병보험의 필요성이라는 결론까지 스스로 추리해나가게 됩니다. 또 주제의 핵심 방향을 계속 인지하며 듣게 되어 내용에 대한 집중도가 높아집니다.

목수가 멋진 가구를 만들고자 할 때 본인이 정한 매뉴얼대로 움직입니다. 저도 오프닝에 사용할 멋진 물음표 문구를 만들기 위해서는 스스로 정한 몇 가지 원칙을 따릅니다.

물음표 오프닝 문구의 원칙

1. 지적 호기심을 자극해야 한다.
2. 마음 깊숙이 파고들어야 한다.

지적 호기심을 자극해야 한다

어학 브랜드들은 예전에는 플랫폼의 강점, 자사 콘텐츠의 우수성, 알찬 프로그램임을 강조했지만 요즘은 지적 호기심을 자극하는 물음표 오프닝 문구로 고객을 사로잡습니다. 예를 들면 이렇습니다.

'I love you'에 대한 올바른 답변은 무엇일까요?

① Me too.　　② You too.

'노래 잘한다'를 영어로 어떻게 표현할까요?

① She sings well.　　② She can sing.

정답은 둘 다 2번입니다. 너무 어려운 문제면 외면합니다. 쉬우면서도 적절히 지적 호기심을 자아내면 자발적으로 몰입하게 됩니다. 생각해보세요. 소비자를 광고에 몰입하게 했다면 그것보다 큰 성공이 있나요? 그러므로 당신은 물음표를 만들어야 합니다.

다음은 제 고객사의 온라인 이벤트 문구입니다.

올바른 과학 용어는?

① 십이지장　　② 샘창자

초능력자와 초등학생을 합쳐 '초등력자'라는 신조어를 만들고 '우리와 함께 최고의 초등력자를 찾아라. 초등력 경진 대회 문제 풀러 가기'라는 이벤트를 진행했습니다. 이 문제를 풀려면 전화번호를 남기게 되어 있습니다. 즉 마케팅 DB를 수집하는 것입니다. 단순히 '번호를 남기면 몇 분을 뽑아 선물을 드립니다'라고 하면 참여율이 떨어지지만, 지적 호기심을 자극하는 물음표 문구를 띄워놓으면 교육적 느낌도 나면서 참여율이 몇 배 높아집니다.

유치원, 어린이집 앞에는 끝나는 시간에 맞춰 많은 교육 브랜드 영업 사원이 전단을 돌리거나 아파트 우편함에 꽂아둡니다. 자녀를 둔 부모라면 많이 받아보셨을 겁니다. 대개 한 장짜리 종이지만, 그럼에도 자세히 보지 않고 버립니다. 그러니 단 한 줄만 읽게 만들어도 성공입니다.

다음은 교육업 브랜드에 만들어준 오프닝을 여는 물음표 언어입니다. 리플릿의 절반을 할애해 큰 글씨로 이런 질문만 넣었습니다.

'사교육이 영어로 뭘까요?'

이렇게 간단하고 큰 글씨로 써놓으면 우선 학부모들의 시선을 사로잡을 수 있습니다. 학부모들은 스스로 정답을 생각하며 읽게 됩니다. 리플릿의 나머지 절반에는 작은 글씨로 이런 주장을 펼치면 됩니다.

'지금 아마도 'private education'이라는 대답을 떠올렸을 겁니다. 아닙니다. 많은 교육학자들은 사교육을 영어로 그림자 교육(shadow education)이라 부릅니다. 1992년 미국 교육학자 스티븐스와 베이커가 학술지에 발표한 용어로, 공교육이 실체라면 사교육이 그림자처럼 따라다닌다고 해서 붙은 명칭입니다. 이처럼 사교육은 공교육과 별개가 돼서는 안 됩니다. 따라서 사교육의 기본은 교과서와의 밀접한 연계성입니다. 학생에게 학업은 결국은 교과서 수업이고 교과서를 바탕으로 치르는 수능 준비를 위한 겁니다. 사교육이 교과서와 따로 놀아서는 안 됩니다. 교과서 중심이 아닌 사교육은 겉도는 교육입니다. 전국 초등학교 68%가 우리 OOO 영어 교과서를 사용하고 있습니다.'

물음표 형식의 오프닝 문구는 어떤 상품군이든 쉽게 만들어낼 수 있습니다. 연습해볼까요? 제가 이렇게 만들었다고 해보죠.

친구로 사귀면 좋은 3사가 있다?

의사, 변호사, 그리고 OO사!

이렇게 화두를 던지고나서 여기에 들어갈 정답을 맘껏 만들어보세요.

'여행사입니다. 당신의 영혼을 자유롭게 만들어드릴 친구 같은 동반자.'

'세무사입니다. 당신의 재산을 내 금고처럼 지켜드릴 세무 비서.'

'공인중개사입니다. 좋은 물건을 잡으려면 평소 친한 공인중개사는 필수.'

'교사입니다. 교육은 노년기를 위한 가장 훌륭한 대책.'

전국 어느 지하철역을 가봐도 '먼저 내린 후 탑승하세요'라는 문구가 쓰여 있습니다. 다른 시도는 하지 않더군요. 재미도 없고 밋밋합니다. 저라면 '출입문이 입출문이 아닌 이유?' 또는 '**출입문 O 입출문 X 왜?**'라고 물음표 오프닝 문구를 써놓고 '**먼저 내리고(出) 타는(入) 문이기 때문에**'라고 하겠습니다.

'**출입문 O 입출문 X 왜?**'

'**먼저 내리고(出) 타는(入) 문이기 때문에.**'

물음표는 마음 깊숙이 파고들어야 한다

또 이러한 오프닝 문구는 단지 흥미로만 끝나서는 안 됩니다.

마음 깊숙이 파고드는 질문이 아니면 그 질문은 가치가 없습니다.

메시지는 마음까지 도달해야 상대를 움직일 수 있기 때문입니다. 그러려면 그 질문에 대한 이유를 충분히 제시해야 합니다.

스무 살이 되면 병역 판정 검사를 받으러 병무청의 신체검사장에 갑니다. 특히 정신 검증을 받는 곳이 있습니다. 그곳 입구에 다음과 같은 문구를 담은 현수막이 걸려 있습니다.

2부 상품의 얼굴을 만드는 시그니처 언어

'신중한 답변은 정확한 검사에 도움이 됩니다.

불성실한 답변은 어떻게 될까요?'

어린 스무 살들의 가슴 깊숙이 무섭게 파고드는 문구입니다.

생각하게 만드는 것이 중요합니다. 생각은 정신 활동에 불과한 것이 아닙니다. 생각은 행동에 영향을 미칩니다. **'생각이 선행되지 않는 행동은 없습니다'** 가령 낡은 운동화를 보면서 '많이 낡았구나'라 생각한다고 합시다. 이 생각은 새 운동화를 사야겠다는 생각을 낳고, 그 생각은 쇼핑이라는 행동을 하게 만듭니다.

인터넷 쇼핑몰을 검색하는 행동을 하는데 뜻밖에 **'운동화가 낡았죠?'**라는 짧은 글을 보는 순간 바로 시선이 가게 됩니다. 그러면 이미 절반은 성공한 겁니다. 이제부터는 내 논리를 읽게 할 여지가 생긴 겁니다.

'밑창의 낡은 부분을 잘 살펴보세요. 바깥쪽이 낡았다면 당신은 O자 다리가 될 가능성이 높습니다. 이 신발로 바꾸세요'라고 기능성 운동화를 사게 할 수도 있습니다.

뭐든 사람을 먼저 잡고 보는 것이 중요합니다.

천수답 농사를 아십니까? 일반적인 논농사는 가뭄 때도 강이나 수로에서 물을 자력으로 끌어와 농사를 이어갈 수 있습니다. 하지만 천수답 농사는 높은 곳에 위치해 물을 밭에 댈 수 없고, 전적으로 빗물에만 의존해야 해서 넋 놓고 하늘만 바라보는 농사를 말합니다. 천수답 농사처럼 언제쯤 고객이 나를 봐주려나 감나무에 감 떨어지길 바라듯 마냥 기다리고만 있을 건가요? 전화든, 만나서든, 이메일이든, SNS든 고객의 마음을 오픈시킬 **떡밥이 될 언어를 여기저기 던지세요.**

틀림없이 '무는' 사람이 있을 겁니다. 낚시꾼은 떡밥을 드리울 때 대어든 피라미든 신경 쓰지 않듯 큰 고객이 될지 작은 고객이 될지 상관하지 말고 던지세요. 그게 고객을 늘려나가는 작은 시작이 될 겁니다.

저 역시 규모 큰 회사는 쪼르르 달려가 날름 미팅을 하고 작은 회사는 시큰둥하게 굴었다면 지금의 회사로 키우지 못했을 것이고 업계에서 인정받지 못했을 겁니다. 대수의 법칙을 기억하셔야 합니다. 낚싯대를 많이 드리울수록 무는 고기도 많아집니다.

그 낚싯대가 오프닝 문구가 됩니다. 고객과 관계 맺음의 시작은 언제나 오프닝 문구라는 것을 기억하셔야 합니다.

벌금을 부르는
판매 언어

1장

벌금을 부르는
판매 문구

판매 문구 한번 잘못 썼다간 쇠고랑 철컹!

이번 '벌금을 부르는 판매 언어' 편은 책, 신문, 인터넷, 유튜브 등 어디에서도 볼 수 없는, 현재 한국에서 유일한 콘텐츠입니다. 다른 곳에서 이번 편 내용을 보셨다면 이 책의 콘텐츠를 도용한 것입니다.

상품을 팔고 있거나 팔 계획이라면 이번 편을 꼭 숙지하십시오. 오프라인이든 온라인 몰이든 표시 광고 심의 법규를 모르고 장사하다간 여섯 가지가 기다립니다. 과징금, 벌금, 과태료, 손해배상, 영업 정지, 감옥(징역형)입니다.

온라인 판매 진입 장벽이 아예 없어지면서 온라인 개인 쇼핑몰이 매월 수만 개씩 생겨나고 있습니다. 그러면서 앞에서 언급한 상품 언어가 매우 중요해졌습니다. **문제는 판매자가 오로지 '무슨 글을 써야 팔릴까'에만 관심을 갖는다는 것입니다.**

온라인 스토어로 돈 벌게 해주겠다는 유튜버, 크리에이터, 전문 강사도 하나같이 이렇게 하면 돈 번다고 쉽게 얘기합니다. 선무당이 사람 잡게 생겼습니다. 제가 심의 교육 편을 만든 것이 바로 이 때문입니다.

" '무슨 글을 쓰면 팔릴까'보다 '무슨 글을 쓰면 안 될까'가 중요 "

앞에서 언급했듯 보통 '무슨 글을 쓰면 팔릴까?'에만 온 신경을 집중하고 '무슨 글을 쓰면 안 될까?'에는 관심이 없습니다.

상품 판매 문구는 아무 말이나 쓰면 법에 걸린다는 걸 간과합니다. 매출 좀 올려보겠다고 상품 문구 수위를 올려서 표현하다가 걸리면 처벌을 받습니다. 자칫 소탐대실이 될 수 있습니다. 많은 셀러들이 광고 심의에 대해 잘 모릅니다. 특히 처음 사업을 시작하는 사람들은 무조건 심의를 알아야 합니다. 상식적으로 생각해보세요. 인간은 법의 지배를 받습니다. 법의 지배를 받지 않는 영역은 없습니다.

상업 판매에서는 법적 테두리가 더욱 엄격합니다.

" 모든 상품 문구는
법의 적용을 받는다 "

상품에 들어가는 모든 글은 법의 심의를 받는다고 보면 됩니다. 복습 차원에서 앞부분에서 배운 상품 언어의 정의를 다시 떠올려볼까요? 그 모두가 심의 범주에 속합니다.

설명, 홍보, 광고, 상품 포장, 라벨지, 스티커, 온라인 상세 페이지, POP, 브로슈어, 리플릿, 팸플릿, 타퍼, 배너, 현수막, 간판, 광고 영상, 홍보 영상, 홈쇼핑 영상, 인포머셜 영상 속 멘트와 자막 문구, 삽화, 도안, 이미지까지 법의 적용을 받습니다.

쉽게 말하면 소비자가 돈 주고 사는 상품에 들어가는 모든 글씨, 표시, 도안, 그림까지 광고 법규의 적용을 받습니다. 특히 상품 용기나 포장에 들어가는 글씨는 토씨 하나하나와 크기까지 법의 적용을 받기에 광고 법규 내에서만 표현해야 합니다.

유형 상품이든 무형 상품이든 마찬가지입니다. 세일즈 말은 녹취를 하지 않는 이상 법적 근거가 남지 않죠. 그렇지만 세일즈 글은 무조건 근거로 남습니다. 영상도 마찬가지고요. 그래서 세일즈 글은 상품 판매 법규의 적용을 받습니다.

이러한 법규를 **'표시 광고에 관한 법률'**이라고 부릅니다. 이 법을 제대로 알면 악용할 수도 있고 선용할 수도 있습니다. **법을 아는 자가 무조건 이깁니다.**

가령, 마트에서 50만 원 하는 굴비 세트에 실수로 5,000원이라 쓰인 라벨을 붙여놨다고 합시다. 웬일이냐며 냉큼 집어서 5,000원에 사 왔는데, 마트에서 그 사실을 알고 '직원 실수로 잘못 붙였다, 정상 가격에 다시 결제해달라, 아니면 없었던 일로 하겠다' 하고 말합니다. 이런 경우 누가 이길까요? 소비자가 이깁니다. 가격도 세일즈 글이기 때문에 그 글을 기준으로 모든 걸 판단하기 때문입니다.

그래서 어떤 상품군의 어떤 문구가 광고 심의에 위반되는지 반드시 알아두어야 합니다. 이걸 모른 채 온라인 몰을 운영한다면 전조등 없이 야간 절벽 길을 운전하는 격입니다. 상세 페이지엔 내가 쓰고 싶은 말을 다 쓸 수 있는 게 아니에요. 그런데 이를 간과하고 아무 문구나 올리는 경우가 많습니다.

특히 네이버 스마트스토어 같은 오픈마켓은 MD가 사전 심의를 하지 않으니 개인적으로 심의에 걸릴 만한 문구를 올립니다. 그러다 어느 날 갑자기 어디에선가 연락이 옵니다. 즉 고소, 고발, 민원, 신고가 들어올 수 있습니다.

" 내 상품 언어는
누구나 신고할 수 있다 "

내 상품 문구를 누가 신고한 걸까요? 상세 페이지와 상품 문구를 보는 모든 사람이 신고할 수 있습니다. 그래서 상품 글은 만천하에 공개되어 있다고 보면 됩니다. 누가 보다가 "어쭈, 뭐 이렇게 써놨어. 이게 효능 있다고? 효과 있다고? 제품 죽인다고? 내가 죽여주지"라며 바로 신고하면 걸리는 겁니다.

요즘 시민들이 운전하다 자발적으로 신고하는 교통법 위반 신고 건수가 폭발하고 있죠. 앞차가 교통법을 위반한 모습이 찍힌 내 차 블랙박스 영상을 신고하면 그 차주는 벌금 맞습니다. 보상금도 없는데 열심히 신고들 하십니다. 신고 절차가 수월하잖아요. 상품 판매 페이지도 똑같아요.

누군가 신고하면 어떻게 될까요? 너무나 중요해서 다시 강조하지만 다섯 가지가 기다립니다.

과징금, 벌금, 과태료, 손해배상, 감옥(징역형)

멋진 상품을 제조했는데 포장 문구가 심의에 위반된다는 사실을 뒤늦게 알면 라벨을 갈아야 할 수 있으며 전부 회수 폐기하는 경우도 있습니다. 상세 페이지라면 쇼핑몰 판매 중지될 수도 있고요. 사업해서 힘들게 번 매출, 혹은 그 이상 나갈 수 있습니다. 과징금, 벌금, 과태료, 손해배상책임에 심하면 사업 자체가 존속하기 힘들어질 수 있습니다. 직원이라면 회사에 큰 피해를 입힐 수 있습니다.

경찰서, 법원, 구청, 심의 기관, 지자체 관공서 몇 번만 왔다 갔다 오면 세상이 달라 보일 겁니다. 일단 정신 건강에 안 좋은 영향을 미쳐서 다른 일을 못하게 됩니다. 제가 쇼호스트로 일할 때 방송통신심의위원회의 심의에 걸려 목동 방송회관의 심의 위원들 앞에 불려 간 적이 있었습니다. 한동안 시달리는 바람에 업무를 잘 못 봤습니다. 나중에 저처럼 고생하지 말고 미리 광고 심의에 대해 알아보고 예방하세요.

상품 문구가 심의를 위반하면 어디서 연락이 올까요? 경찰서, 구청, 보건소, 기타 지자체 민원과, 소비자원, 공정거래위원회, 눈에 불을 켜고 있는 각종 소비자단체에서 모두 연락을 해올 수 있습니다. 더 쉽게 말씀드릴까요? 민원 접수받는 곳은 모두 신고를 할 수 있다고 보면 됩니다.

민원 접수도 무척 간단합니다. 전국 지자체 홈페이지에서도 접수가 되고 국민 신문고를 이용해도 되고, 간단히 전화 한 통으로도 바로 신고할 수 있습니다. 국번 없이 1377(방송통신심의위원회 민원 접수 및 상담 전화)로 전화해 몇 월 며칠 어느 홈쇼핑에서 누가 뭐라고 했는데 문제 있다고 하면 끝입니다.

그렇게 해서 현재 한국은 민원 공화국이 되었습니다. 얼마나 많은 고소, 고발, 신고, 민원이 남발되는지 아십니까? 이해를 돕기 위해 온라인 판매 민원 말고 순수 통신판매 민원 건수만 알려드리죠. 통신판매 민원이란 단지 홈쇼핑, 인포머셜, TV 매체를 보다가 불쾌하거나 문제를 발견해 신고한 건수입니다. 얼마나 될 것 같나요? 작년 하반기 통신 민원 건수만 18만 건으로, 한 해 36만 건에 육박합니다.

<2020년 분야별 민원 접수 현황>[22]

(단위 : 건)

구분	방송 민원	(상담)	통신 민원	(상담)	일반 민원	합계	(상담)
7월	1,386	(577)	28,380	(548)	67	29.833	(1,125)
8월	1,557	(571)	20,977	(545)	68	22.602	(1,116)
9월	1,117	(594)	25,224	(660)	39	26.380	(1,254)
10월	1,445	(449)	30,889	(525)	78	32.412	(974)
11월	832	(465)	41,172	(522)	87	42.091	(987)
12월	5,053	(486)	56,151	(559)	114	61,398	(1,045)
합계	11,390	(3,142)	202,793	(3,359)	453	214,636	(6,501)

어떤 내용으로 민원을 넣을까요?

이런 것들입니다.

---

22 방송통신위원회, 2021

<월별·위반 유형별 방송 심의 신청 민원 접수 현황>[23]

(단위 : 건)

구분	7월	8월	9월	10월	11월	12월	합계
공정성	71	79	60	58	76	85	429 (5.8%)
객관성	69	150	88	29	27	56	419 (5.7%)
윤리적 수준 (윤리성, 사회 통합, 양성평등 등)	418	303	133	761	101	4,240	5,956 (80.6%)
소재 및 표현 기법 (성 표현, 폭력 묘사, 충격·혐오감 등)	20	15	14	15	15	27	106 (1.4%)
권리침해 (인권침해의 제한, 명예훼손 등)	28	13	40	4	5	11	101 (1.4%)
방송 언어	8	6	9	9	6	10	48 (0.6%)
광고 효과	10	5	10	4	6	16	51 (0.7%)
어린이·청소년 보호	5	7	6	2	1	6	27 (0.4%)
광고 불만 (상품 소개 및 판매 방송 포함)	46	55	35	38	35	29	238 (3.2%)
협찬 고지 및 기타 불만	-	3	5	3	3	1	15 (0.2%)
합계	675	636	400	923	275	4,481	7,390 (100%)

통신판매 민원이 이 정도면 온라인 판매 민원은 민원 접수처가 너무 많아 합산하기 어렵지만 통신 민원의 최소 몇십 배라고 보면 될 겁니다. 그래서 만일을 대비하지 않으려면 광고 심의를 한 번쯤은 배워두시라는 겁니다.

온라인 표시 광고 허위 표시라고 해서 즉시 차단당하고 적발당한

---

23 방송통신위원회, 2021

건수는 식품의약품안전처에 접수된 식품군 겨우 한 분야만 놓고 봐도 2016년 1만 6,431건, 2017년 3만 2,406건, 2018년 3만 5,647건으로 폭발적으로 증가하고 있습니다.

그런 만큼 표시 광고 심의는 사업자라면 꼭 알아야 합니다.

상품 문구 심의 셀프 테스트

자, 그러면 당신은 상품 문구와 표시 광고 심의에 대해 어느 정도 현업 이해도와 지적 수준을 보유하고 있는지 간단히 셀프 테스트를 해보십시오. 총 4문제입니다.

문제 1. 건강식품이나 일반 식품을 판매할 때 사용 가능한 문구를 찾아보세요.

　　① 독성 물질　② 알러지　③ 허약 체질　④ 피로　⑤ 식욕

정답은? 없습니다. 다 안 됩니다.

모두 식품의약품안전처 식품 과장 광고 단속 대상 표현입니다. 법규에 금지 언어 목록으로 명백히 규정되어 있습니다.

문제 2. 건강식품이나 일반 식품을 판매할 때 사용 가능한 문구를 찾아보세요.

① 보호   ② 회복   ③ 개선   ④ 완화   ⑤ 조절

정답은? 역시 없습니다. 믿기 어렵겠지만 전부 식약처에 규정된 단속 대상 표현입니다. 지금 이런 문구를 쓰는 온라인 상세 페이지나 기타 상품 문구가 있다면 모두 걸립니다.

문제 3. 화장품을 판매할 때 사용 가능한 문구를 고르세요.

① 눈가의 그늘을 지워준다   ② 독소를 제거한다

③ 세포에 생생한 에너지를 공급한다

④ 피부 트러블을 해결한다   ⑤ 잔주름을 없애준다

정답은? 없습니다. 기능성 화장품이라 하더라도 보기의 문구는 단정적인 것이라 부적합하다고 식약처 법규에 명시되어 있습니다.

마지막 문제입니다.

문제 4. 다음 중 이미용 및 화장품을 판매할 때 허용되는 문구를 고르세요.

① 목욕용: 피부를 맑고 깨끗하게 하고 유연하게 한다

② 눈 화장용: 눈의 윤곽을 선명하고 아름답게 한다

③ 어린이용: 어린이 피부를 건강하게 유지한다

④ 두발용: 머리카락에 윤기와 탄력을 준다

⑤ 기초 화장용: 피부를 보호하고 건강하게 한다

정답은? 전부 정답입니다. 모두 표현 가능하다고 식약처에서 허가한 표현입니다.

식품에서는 보호란 말은 쓰면 안 되고 화장품은 된다니, 어렵죠? 심의 교육 편만 탐독해도 다 맞힐 수 있는 문제니 조금만 집중해주십시오.

" 심의 위반은 "
못 잡는 게 아니라 안 잡힌 것뿐

심의 규정을 읽어 내려가다 보면 '이게 뭐가 문제지? 지금도 온라인 쇼핑몰, 홈쇼핑, 오프라인 상점 여기저기서 많이 쓰이는 문구 아닌가' 싶을 겁니다.

쇼핑몰이 너무 많고 상품이 넘쳐나서 아직 잡히지 않은 것뿐입니다. 하지만 괜히 위험한 문구를 적어 생업에 모험을 걸 필요는 없습니다.

자신의 미래를 운에 맡기고 싶으십니까? 나중에 광고 심의에 적발됐을 때 고의적이었으면 그나마 수긍할 텐데 몰라서 걸렸다면 억울하지 않겠어요?

또 온라인 판매를 소규모로 시작하면 처음에는 별로 신경 쓰지 않던 사람들도 서서히 장사가 잘되고 매출이 오르면 신고를 당하기 시작합니다. 누가 신고할까요? 주로 경쟁자들이 기관에 신고합니다. 매출이 오르면 어김없이 여기저기에서 태클이 들어오는 이유입니다. 당신은 앞으로 분명 더욱 잘나가실 거잖아요? 그러니 미리 심의 규정을 숙지해야 안전합니다.

" 법을 아는 자와 모르는 자는 "
하늘과 땅 차이

판매 법규를 아는 자와 모르는 자의 차이를 쉽게 설명해드리죠.

예전에 제가 홈쇼핑에서 어린이 영어 학습기를 방송했는데 방송 중 어린아이에게 "What do you do for fun?"이라고 묻자 아이가 "I play with Kidsdic"이라고 답했는데, 방송 심의에 걸렸습니다. 왜 일까요? 어린이를 상업적으로 이용하는 것이 금지되므로 아이들이 제품명(키즈딕)을 언급하면 안 되기 때문입니다.

근래에 영어 학습기 브랜드의 의뢰를 받아 간단한 광고 영상을 만들었어요. 우리가 맡기 전 기존 영상이 심의 위반되었기 때문에 새로 제작을 의뢰한 겁니다. 위반 사항은 이것이었는데요. 어린아이 모델이 '엄지 척' 하면서 "영어가 술술 나와요"라고 외치는 영상을 인포머셜에도 띄우고 유튜브 광고에도 띄우고 자사 몰에도 띄웠어요. 그런데 심의에 위반되었습니다. 왜일까요? 제품명을 언급해도 안 될뿐더러 제품을 추천해도 안 되기 때문입니다.

어린이가 "이거 좋아요" "이거 효과 있어요"라고 해도 절대 안 됩니다. 제품 추천이니까요.

"신나, 재밌어"라는 표현은 괜찮습니다. 제품 추천이 아니니까요.

우유 광고에서 아이가 우유를 마시고 "고소하고 속도 편한걸!"이라고 하면 걸립니다. 제품 추천입니다.

"맛있어요, 더 주세요"는 괜찮습니다. 제품 추천이 아니니까요.

이만큼 살짝만 비틀면 얼마든 표현 가능한데, 심의 규정을 모르니 영상 제작비, 광고비는 **비용대로 쓰고 벌금은 벌금대로 냅니다.**

실패와 실수는 약이 아닙니다. 독입니다.

불필요한 영업손실을 겪지 않길 바랍니다.

" 광고법은 관용적이지 않다 "

2020년 12월 21일 월요일 밤 9시 45분에 연합뉴스TV에서 중간 광고 때 맥주 테라(TERRA) CF가 나갔습니다.

아무 느낌 없죠? 저희 같은 업에 종사하는 사람들은 "야단났네"라고 합니다. 알코올 성분 17도 미만 주류에 관한 TV 방송 광고가 제한되는 시간이 있습니다. 아침 7시부터 밤 10시까지입니다. 이 사이에 술 광고가 나가면 큰일입니다.

허용 시간대가 밤 10시부터인데 15분 일찍 주류 광고를 송출했기에 딱 걸린 겁니다. '방송 광고 심의에 관한 규정(규칙 제142호)' 제43조의 2(방송 광고 시간의 제한) 제1항 제1호 가목을 위반한 겁니다.

이건 그나마 괜찮아요. 2020년 7월 6일, KBS-2TV에서는 밤 9시 59분 36초에서 10시 5초 사이에 테라 CF를 방송해서 걸렸습니다.

밤 10시가 되기 불과 24초 전에 노출되었는데도 예외 없이 법의 처벌을 받은 겁니다. 역시 방송법 제100조 제1항에 따라 향후 관련 규정을 준수하도록 '권고'를 의결받았습니다.

이처럼 상업 판매에서 법은 융통성이 없습니다. 나중에 민원 신고가 들어오면 "이런 문구 쓰면 안 되는 거였어요? 처음이라 몰랐어요. 한 번만 봐주세요"라고 해봐야 아무 소용이 없습니다. 사람 다치게 해놓고 "몰랐어요"라고 하면 용서가 되나요? 법 앞에 자비란 없습니다.

" 상품 언어 법(표시 광고 심의)을 "
배울 곳이 없다!

상세 페이지에 쓰면 안 되는 문구가 있다는 걸 일반 판매자는 거의 모릅니다. 정부에서도 아직은 사태의 심각성을 깨닫지 못하는 것 같습니다. 정말 놀라운 문제는 소규모 온라인 창업은 폭발하고 광고 법규는 강화되고 있는데 개인 사업자들이 광고 심의를 배울 곳이 전무하다는 것입니다. 신문, 책뿐 아니라 유튜브에도 없고, 유료 영상 교육 플랫폼에도 없더군요.

이런 위반 사례를 개인적으로 열람할 수 있는 곳은 거의 없습니다. 기업 내부 사정이고 취급하는 기관도 외부로 유출하지 않기 때문입니다. 상세 페이지 문구를 만들어주는 업체가 굉장히 많아졌죠? 거기 맡기면 알아서 해줄까요? 놀랍게도 그들도 잘 모릅니다. 저에게도 상세 페이지 제작업체들이 허용 문구 관련 교육을 받고 싶다는 메일을 많이 보냅니다.

스마트스토어로 대박 냈다는 유튜버들은 알까요? 역시 모르더군요. 경험과 감으로 장사하는 분이 대다수입니다. 광고 심의 교육을 하는 사설 기관이나 협회가 없으니까요. 법은 무섭게 발휘되는데 그 법을 교육받을 곳은 없는 희한한 상황이에요.

표시 광고 심의 교육받을 수 있는 곳 (x)

광고 심의 위반 사례를 볼 수 있는 곳 (x)

일정 규모 이상의 기업들은 자체 심의 교육을 시행하고 있지만 소상공인들은 이런 교육의 사각지대에 있습니다. 한 번씩 벌금 내가며 경험을 쌓는 것 외엔 방법이 없다는 뜻이죠. 벌금, 과태료, 과징금, 손해배상을 물거나 징역을 산 사람, 제품 판매 중단, 영업 정지, 제품 회수 및 폐기까지 당하는 사람도 많이 봤습니다.

심의에 대해 가르쳐줄 수 있는 인재 풀도 적습니다. 심의 교육은 전문성과 오랜 경험을 쌓아야만 할 수 있습니다. 심의 담당 공무원이나 백화점, 마트, 홈쇼핑, 대규모 인터넷 몰 MD나 대기업, 중견 기업 심의 담당자 정도가 심의를 가르칠 수 있을 겁니다. 보통 백화점, 마트, 홈쇼핑, 이커머스 등 판매 기업, 유통 기업에는 자체 심의 팀이 있습니다. 그런데 심의 팀에 신입이 들어오는 경우는 별로 없어요.

대부분 타 부서에서 경험을 쌓은 경력직이 광고 심의를 담당합니다.

저는 마케팅 컨설팅 법인과 제조 판매 법인을 운영 중인데, 마음 먹고 위반 사례를 일일이 수집하고 법규를 풀이해 대중을 위한 책으로 정리한 사람은 제가 최초인 것 같습니다. 저는 대기업, 중견 기업을 비롯해 많은 기업 마케팅 컨설팅과 자문을 하고 있고 소셜 커머스와 홈쇼핑도 자문하고 있기 때문에 최신 판례와 법규에 능통한 편입니다. 여기서 배우세요. 한 번만 배워두면 평생 판매하는 데 크게 도움이 될 겁니다. **몰라서 당하는 게 광고 심의입니다.**

상세 페이지 문구나 상품을 소개하는 문구가 광고법상 문제가 없는지 알려면 어떡하면 될까요? 사전 광고 심의 기관을 이용하면 되는데, 의뢰 건당 돈을 받습니다. 그럴 바엔 그 돈의 반의 반의 반도 안 되는 비용(이 책값)으로 심의 교육 자료를 갖춰놓으세요. 왜 심의 기관에 헛돈을 쓰나요. 돈 쓰면서 이런 표현은 되는지 안 되는지 왜 자꾸 물을까요? 머릿속에 심의 공식이 없기 때문입니다.

이 책을 통해 심의 기준에 대한 개념, 공식, 중심을 잡아드리겠습니다. 배우고 나면 심의 기준을 충족시키는 상품 문구를 만들 수 있습니다. 이해를 돕기 위해 심의 위반 사례도 준비했습니다. 구체적 사례를 공부하는 게 제일 큰 도움이 됩니다. 알아보기 쉽게 상품별 금지 문구와 허용 문구를 정리해두었습니다. 이에 더해 상품별 심의 위반 사례까지 총정리했습니다.

많은 사업자들이 잘 몰라서 당하는 것을 보며 안타까워서 제작한 콘텐츠입니다. 쇼핑몰이 신고당했을 때 벌금이나 과태료가 얼마인지부터 법적으로 어떻게 대응해야 하는지 알려드립니다. 여러 번 반복해서 학습하고 필요할 때마다 백과사전 열어보듯 꺼내서 참고하는 자료집으로 활용할 수 있을 겁니다.

결코 쓰면 안 되는
위반 표현 문구
피하기

" 기본 법은 이것이다 "

저는 두 번째 석사 전공으로 광고학을 선택했습니다. 그러나 광고학 박사라 하더라도 세부 전공이 법규가 아니기에 광고 법규를 외우고 있는 것도 아니고 관련 법규가 실제 어떻게 적용되는지 아는 것도 아닙니다. 저는 현재 소셜 커머스와 홈쇼핑 마케팅 자문도 하고, 기업 대상 심의 교육도 했기 때문에 학습자 수준에 맞게 최대한 쉽게 이해할 수 있도록 안내해드리겠습니다.

먼저 기본적으로 '표시 광고에 관한 법률'을 알아야 합니다. 이것만 기억하면 됩니다. 이 법은 또렷한 목적이 있습니다. '판매를 할 때 소비자를 속이거나, 소비자로 하여금 잘못 알게 하는 부당한 표시·광고를 방지하고 소비자에게 바르고 유용한 정보의 제공을 촉진함으로써 공정한 거래 질서를 확립하고 소비자를 보호함을 목적으로 한다.'

이게 가장 기본이 되는 원칙입니다. 이것만 지키면 문제될 일이 없어요. 좀 더 구체적으로 설명하면 다음의 네 가지입니다.

표시·광고의 공정화에 관한 법률 (약칭 : 표시광고법)

제3조(부당한 표시·광고 행위의 금지)

① 사업자는 소비자를 속이거나 소비자로 하여금 잘못 알게 할 우려가 있는 표시·광고 행위로서 공정한 거래 질서를 해칠 우려가 있는 다음 각 호의 행위를 하거나 다른 사업자 등으로 하여금 하게 하여서는 아니 된다.

1. 거짓·과장의 표시·광고

2. 기만적인 표시·광고

3. 부당하게 비교하는 표시·광고

4. 비방적인 표시·광고

상품 판매 문구가 법적 심의를 위반하면 과징금, 벌금, 과태료 처벌을 받습니다. 이와는 별개로 손해배상에 대한 처분을 받을 수 있습니다. 위반 시 어떤 처벌을 구체적으로 받는지 처벌 규정을 알려드리겠습니다. 정신이 번쩍 들 겁니다.

1번 과징금

표시광고법 제9조(과징금)에 의해 매출액에 100분의 2를 곱한 금액을 초과하지 아니하는 범위에서 과징금을 부과할 수 있다. 다만, 그 위반 행위를 한 자가 매출액이 없거나 매출액을 산정하기 곤란한 경우는 5억 원을 초과하지 아니하는 범위에서 과징금을 부과할 수 있다.

과징금을 부과하는 경우에는 다음 각 호의 사항을 고려하여야 한다.

1. 위반 행위의 내용 및 정도

2. 위반 행위의 기간 및 횟수

3. 위반 행위로 인하여 취득한 이익의 규모

4. 사업자 등이 소비자의 피해를 예방하거나 보상하기 위하여 기울인 노력의 정도

2번 벌금

표시광고법 제17조(벌칙)에 의해 1억 5,000만 원 이하의 벌금에 처한다.

3번 과태료

표시광고법 제20조(과태료)에 의해 2억 원 이하 과태료를 부과한다

4번 징역

표시광고법 광고 법규 제17조(벌칙)에 의해 2년 이하의 징역에 처한다.

그러니까 매출이 50억이라면 최대 1억(100분의 2)을 과징금으로 납부해야 할 수 있습니다. 게다가 돈도 못 벌었는데 과징금은 5억까지 내야 할 수 있습니다. 우는 아이 뺨 때리는 격이죠. 과징금 외에 내야 할 벌금과 과태료도 금액이 상당합니다. 어느 것도 금액이 만만한 게 없습니다.

또 납부하기 어려울 경우에는 2년까지 교도소에서 보낼 수 있습니다. 인생 중 30년간 경제활동을 한다면 그 기간의 15분의 1을 감옥에서 보내는 셈입니다. 이래도 상세 페이지 문구를 함부로 쓰시겠습니까?

" 소비자를 기만하는 문구를 피하라 "

특히 주목할 것으로 소비자 기만이 있는데, 이는 죄질이 불량하다고 해서 엄하게 처벌합니다. 교묘하게 소비자가 오해하도록 만들었다고 해서 집행관들은 아주 안 좋게 봅니다. 다음의 것들이 이에 해당됩니다.

'소비자를 기만하는 다음 각 목의 표시 또는 광고'

- 각종 감사장 또는 체험기 등을 이용하거나 '한방(韓方)' '특수 제법' '주문 쇄도' '단체 추천' 또는 이와 유사한 표현으로 소비자를 현혹하는 표시·광고
- 의사, 치과 의사, 한의사, 수의사, 약사, 한약사, 대학교수 또는 그 밖의 사람이 제품의 기능성을 보증한다는 표시·광고. 다만, 의사 등이 해당 제품의 연구·개발에 직접 참여한 사실만을 나타내는 표시·광고는 제외한다.

- 외국어의 남용 등으로 인하여 외국 제품 또는 외국과 기술 제휴한 것으로 혼동하게 할 우려가 있는 내용의 표시·광고
- 조제유류(調製乳類), 즉 분유통 포장에 유아·여성의 사진 또는 그림 등을 사용한 표시·광고
- 조제유류가 모유와 같거나 모유보다 좋은 것으로 소비자를 오도(誤導)하거나 오인하게 할 수 있는 표시·광고
- 식품의약품안전처장이 인정한 사항의 일부 내용을 삭제하거나 변경하여 표현함으로써 해당 건강 기능 식품의 기능 또는 효과에 대하여 소비자를 오인하게 하거나 기만하는 표시·광고
- 이온수, 생명수, 약수 등 과학적 근거가 없는 추상적인 용어로 표현하는 표시·광고
- 해당 제품에 사용이 금지된 식품첨가물이 함유되지 않았다는 내용을 강조함으로써 소비자로 하여금 해당 제품만 금지된 식품첨가물이 함유되지 않은 것으로 오인하게 할 수 있는 표시·광고

즉 하얀 가운 입은 사람이 "좋아요. 짱이에요"라고 하면 위반입니다. 의사는 아닌데 모델한테 하얀 가운을 입히는 건 괜찮습니다. 그러나 의사로 오인될 소지가 있다면 걸립니다. 실험실에서 의사인 척 하얀 가운 입고 연구하는 모습을 영상에 넣었다면? 괜찮습니다. 그런데 그 사람이 이걸 쓰면 효과가 있다고 인터뷰를 하거나 엄지 척 하면

의사가 제품을 추천하는 것처럼 보이므로 걸립니다. 다만 예외 규정이 있습니다. 간혹 한의사 출신, 의사 출신 CEO가 나와서 모델을 하는 경우는 본인이 만들었으니까 괜찮습니다. 예를 들면 의사가 본인 이름을 걸고 'OOO 유산균'이라는 제품명으로 본인이 광고 모델을 한다면 안 걸릴까요? 기본적으로는 안 걸립니다. 본인이 회사 대표고 본인이 만든 제품이라 괜찮습니다. 그런데 이것도 법적 논쟁이 될 수 있습니다. 법리 해석에 따라 판결이 달라질 수도 있기 때문입니다.

그러니까 흰 가운은 되도록 연출하지 않는 것이 낫습니다. 물론 이해는 갑니다. 일단 의사가 만들었다고 하면 소비자가 신뢰하거든요. 앞서 언급한 반려동물 간식 브랜드 컨설팅 때도 저 역시 수의학 박사가 직접 만든 제품이라고 홍보 전략을 짰습니다. 그 정도는 괜찮습니다.

또 필요한 문구 중 한 부분만 발췌해서 인용해 오해의 소지가 생길 수 있게 하는 문구도 소비자 기만에 해당되어 금지됩니다. 일부만 사실인 것을 전체가 사실인 듯 포장하는 경우가 이에 해당합니다. 일부만 사실인 것은 대개 오해를 불러일으키기 때문입니다. 그에 더해 이제는 '약수'라는 표현도 위법이 되었고, 과거에 광고 문구로 많이 사용했던 '우리만 OOO을 넣지 않았습니다'라는 표현도 금지됩니다.

" 식품 팔 때 가장 조심하라 "

모든 상품군을 다루려면 책 수십 권으로도 모자랄 겁니다. 그러므로 특히 중요한 상품군을 언급할 텐데, 바로 식품군입니다.

업계에 종사하는 분들이 흔히 하는 말이 있습니다.

"사람 입으로 들어가는 건 법이 가장 세다."

"사람 입으로 들어가는 건 나라에서 특별히 본다."

"사람 입으로 들어가는 건 걸리면 답 없다."

이 말을 명심하십시오. 1차 식품, 건강식품, 건강 기능 식품 같은 건 법이 굉장히 엄합니다. 다음의 법규를 기억하십시오.

- 질병의 예방·치료에 효능이 있는 것으로 인식할 우려가 있는 문구
- 식품을 의약품으로 인식할 우려가 있는 표시 또는 광고

가. 의약품에만 사용되는 명칭(한약의 처방명을 포함한다)을 사용하는 표시·광고

나. 의약품에 포함된다는 내용의 표시·광고

다. 의약품을 대체할 수 있다는 내용의 표시·광고

라. 의약품의 효능 또는 질병 치료의 효과를 증대시킨다는 내용의 표시·광고

• 기능성이 인정되지 않는 사항에 대하여 기능성이 인정되는 것처럼 표현하는 표시·광고

위의 법 규정을 나라에서는 엄중하게 봅니다. 따라서 약에만 사용하는 명칭을 상품 문구에 넣어서도 안 되며, 한의원에서 처방하는 한약 처방명도 사용해서는 안 됩니다.

아울러 질병 치료에 도움을 준다는 뉘앙스도 풍기면 안 됩니다. 비타민 건강식품을 팔면서 '피로 회복'이라는 말을 써도 안 됩니다. 홍삼을 팔면서 '원기 회복'이라고 표현해도 안 됩니다. 오메가3를 팔면서 '혈액순환 개선'이라는 문구를 사용해서는 안 됩니다. 왜일까요? '개선'이란 말이 들어가면 약이 되는 것으로 판단하기 때문입니다. '혈액순환 장애'도 쓰면 안 됩니다.

한마디로 식품은 약처럼 보여서는 안 됩니다. 따라서 '복용'이란 단어도 쓸 수 없습니다. '섭취, 음용'이라 표현해야 합니다.

또 건강식품과 건강 기능 식품은 전혀 다릅니다. 건강 기능 식품

은 '인체에 유용한 성분이나 원료를 제조·가공한 식품, 인체의 구조 및 기능에 대하여 영양소를 조절하거나 생리학적 작용 등과 같은 보건 용도에 유용한 효과를 얻을 목적으로 제조된 식품'으로 식약처에서 동물실험, 인체 적용 실험 등 과학적 근거를 평가해 기능성을 인정하는 원료를 가지고 만든 제품에 한해 인정합니다. 다시 말해 식약처에서 기능성을 인정하는 원료를 사용한 식품만 건강 기능 식품이라 표현할 수 있습니다. 반면 건강식품은 일반 식품을 원물 형태 또는 단순 가공 포장해 판매하는 것을 말합니다.

그런데 건강식품을 마치 건강 기능 식품처럼 표현하는 경우가 매우 많습니다. 장사하다 보면 유혹을 떨치지 못해 제일 많이 걸리는 부분이기도 합니다. 유혹과 타협하지 않으시길 바랍니다.

건강 기능 식품

건강 기능 식품을 판매하려면 다음 내용을 알아두십시오. 금지 문구입니다.

식품표시광고법 [별표 1] 부당한 표시 또는 광고의 내용
• 건강 기능 식품 판매업자는 포장된 건강 기능 식품을 소분하여 판매하

여서는 아니 된다.

- 질병의 발생 위험을 감소시키는 데 도움이 된다는 내용의 표시·광고
- 질병 정보를 제품의 기능성 표시·광고와 명확하게 구분하고, '동 질병 정보는 제품과 직접적인 관련이 없습니다' 등의 표현을 병기한 표시·광고
- 의약품에 포함된다는 내용의 표시·광고
- 의약품을 대체할 수 있다는 내용의 표시·광고
- 의약품의 효능 또는 질병 치료의 효과를 증가시킨다는 내용의 표시·광고

한 박스에 10개 들었고 가격이 1만 원이라면 개당 1,000원에 낱개로 팔면 안 된다는 뜻입니다. 또 나름 머리를 썼다고 생각하고 간사한 방식을 종종 쓰는데 고혈압, 당뇨, 갑상선 등 병명을 마구 적어놓고 마지막에 '고통받는 당신의 마음을 압니다. ○○식품' 하는 식의 표현도 위반됩니다. 마치 그 식품이 앞에서 언급한 질병을 치료해주는 것인 양 오인할 수 있기 때문입니다.

'○○(제품명)은 약이나 다름없습니다' 같은 문구는 아예 안 됩니다. 예를 들어 이런 광고 문구를 만들었다고 해보죠.

'아스피린은 버드나무 껍질에서 추출한 성분으로 만듭니다.' 이 정보에 착안해 광고 문구를 '전 세계인의 통증을 책임지는 아스피린의 원재료 버드나무. 그 천연 버드나무로 만든 ○○○. 이제는 천연 원료로 통증을 없애세요'라고 하면 바로 신의에 위반됩니다.

'우리 제품을 먹으면 약이나 의사가 필요 없다' '병이 낫는다' 또는 '질환이 호전된다'는 식의 문구도 사용해서는 안 됩니다.

화장품

화장품의 법적 정의는 다음과 같습니다.

'화장품이란 인체를 청결·미화하여 매력을 더하고 용모를 밝게 변화시키거나 피부·모발의 건강을 유지 또는 증진하기 위하여 인체에 바르고 문지르거나 뿌리는 등 이와 유사한 방법으로 사용되는 물품으로서 인체에 대한 작용이 경미한 것을 말한다.'

기능성 화장품의 법적 정의는 다음과 같습니다.

가. 피부의 미백에 도움을 주는 제품

나. 피부의 주름 개선에 도움을 주는 제품

다. 피부를 곱게 태워주거나 자외선으로부터 피부를 보호하는 데에 도움을 주는 제품

정확히 이 3개만 기능성이고 나머지는 전부 기능성 화장품이 아닙니다. 따라서 이 세 가지 효과가 없는데 상세 페이지나 상품 문구

에 기능성 화장품이라고 표기하는 것은 위반입니다.

다음으로 포장, 사용 기한, 표시에 대한 정의는 다음과 같습니다.
- '안전 용기·포장'이란 만 5세 미만의 어린이가 개봉하기 어렵게 설계·고안된 용기나 포장만을 말한다.
- '사용 기한'이란 화장품이 제조된 날부터 적절한 보관 상태에서 제품이 고유의 특성을 간직한 채 소비자가 안정적으로 사용할 수 있는 최소한의 기한을 말한다.
- '1차 포장'이란 화장품 제조 시 내용물과 직접 접촉하는 포장 용기를 말한다.
- '2차 포장'이란 1차 포장을 수용하는 1개 또는 그 이상의 포장과 보호재 및 표시의 목적으로 한 포장을 말한다.
- '표시'란 화장품의 용기·포장에 기재하는 문자·숫자 또는 도형을 말한다.

안전 용기는 눌러서 돌려야 열리는 용기가 대표적입니다. 평범한 용기인데도 안전 용기 또는 안전 포장이라고 써놓으면 심의에 위반됩니다. 또 표시 광고 심의에서는 글자뿐 아니라 그림과 도형까지 심의 대상입니다.

예를 들어 남성 성기에 뿌리거나 바르면 발기된다는 문구 대신 수컷 표시나 남성을 상징하는 기타 표시, 도형을 넣어도 걸립니다.

또는 포장지에 뭔가 불끈하는 그림을 그려놓았다거나 발그레해진 여성 얼굴을 그려놓아도 걸립니다. 실제 포장지에 화산 폭발 그림을 그려놨다가 걸린 사례도 있습니다. 장작 패는 돌쇠 그림, 옷고름 살짝 푼 마님 그림을 넣어 걸린 사례도 있습니다. 상품 기능은 하루가 다르게 발전하고 있지만 법은 여전히 보수적입니다.

상품 문구 사전 심의받는 방법

상품을 노출하려면 사전에 광고 심의를 받아야 하는 경우가 있습니다. 그럴 때 어떻게 하는지 알려드리겠습니다. 심의는 누가 할까요? 상품에 따라 다릅니다. 건강 기능 식품 제조면 반드시 식약처 산하 건강기능식품협회, 일명 '건기협'에 사전 심의를 받아야 합니다.

명심할 점은 온라인 몰에서 기능성이 있는 건강 기능 식품을 판매할 때, 상세 페이지 문구를 단 한 줄이라도 바꾸려면 사전 심의를 다시 받아야 한다는 것입니다. 제조사들은 놓치지 않는 부분이지만 요즘은 위탁 판매가 성행하면서 위탁 판매자들이 오픈마켓으로 건강 기능 식품을 제조사에서 받아 판매 대행으로 사업할 때 많이 놓치는 부분입니다.

다시 말하지만 뭐든 기능성이 있는 건강 기능 식품은 문구 한 줄만 바꾸려 해도 사전 심의를 다시 받아야 합니다. 본인이 임의로 바꾸면 법을 위반하는 행위입니다. 심의 기관이 허락해준 문구만 사용 가능합니다.

" 사전 심의는 시작부터 강하게 넣어라 "

좋은 요령 하나 알려드릴게요. 심의는 사람이 하는 것인 만큼 건기협에 사전 심의 넣을 때 알아서 문구를 약하게 넣지 말고 수위를 최대한 높이세요.

약하게 판매 문구를 넣으면 어차피 거기서 또 삭제당합니다. 그럴 바엔 차라리 강하게 넣어서 삭제당하면 비로소 적당해집니다. 또 같은 문구여도 심의 결과는 천양지차입니다. 그래서 심의는 복불복이자 케바케(케이스 바이 케이스)라는 말이 있습니다. 지난번엔 통과된 문구가 이번엔 걸리고, 이번에 걸렸던 문구가 다음번엔 통과되는 어이없는 일이 많습니다. 결국 심의도 경험의 정도, 직급의 연수와 상황에 따라 좌우되는 사람이 하는 일이기 때문입니다.

건강식품 외에는 어떨까요?

이러저러한 상품을 만들려고 하는데 이런 문구 표현이 가능한지 아닌지 어떻게 확인할 수 있을까 싶을 때는 공정거래위원회 산하 한국소비자원의 사전 심의 승인을 받으세요. 공정거래위원회의 온라인 사건처리시스템에서 사전심사 등록을 할 수 있으며 기타 자세한 문의는 전자거래과에 문의하실 수 있습니다. 또 하나의 방법은 한국광고자율심의기구에 기업 회원으로 가입하고 사업자등록증 사본 1부를 송부하십시오. 그리고 온라인 심의 신청을 하면 됩니다. 이곳에 크게 세 가지를 넣을 수 있는데 방송 광고 심의, 인쇄 매체 광고 심의, 교통·인터넷 광고 등 기타 광고 심의가 있습니다. 이곳에서 기사형 광고 심의, 인쇄 매체 광고 심의, 광고 자율 심의를 사업합니다.

공기업이 아니라 민간 기업인 만큼 돈을 받고 사전 심의를 해줍니다. 비용은 건당 10만 원입니다. 보통 A4용지 6~8페이지를 한 건으로 봅니다. 그걸 넘으면 2건으로 봐서 20만 원을 내야 합니다. 따라서 한번 물어볼 때 구체적으로 물어봐야 합니다. 참고로 "유사 사례나 동종 제품의 다른 사례 좀 알 수 있을까요?"라고 물어보면 알려주지 않습니다. 업체 내부 자료이기 때문입니다. 그러니 다음에 제가 친절히 정리해둔 사례들을 통해 익히십시오.

66 실증 자료를 갖춰놓아라 99

사업을 하다 보면 사업을 정당하게 하고 있는지 실증 자료를 제출하라거나 상품 문구에서 밝힌 효능, 효과, 실험 등에 대해 다음과 같은 입증 자료를 제출하라고 어디선가 요구할 수 있습니다.

'실증 자료'라 함은 표시·광고에서 주장한 내용 중에서 사실과 관련한 사항이 진실임을 증명하기 위하여 작성된 자료를 말한다.

'실증 방법'이라 함은 표시·광고에서 주장한 내용 중 사실과 관련한 사항이 진실임을 증명하기 위해 사용되는 방법을 말한다.

실증 자료의 내용은 광고에서 주장하는 내용과 직접적인 관계가 있어야 한다.

(예시) 실증 자료에서 입증한 내용이 표시·광고에서 주장하는 내용과 관련이 없는 경우:

- 효능이나 성능에 대한 표시·광고에 대하여 일반 소비자를 대상으로 한 설문 조사나 그 제품을 소비한 경험이 있는 일부 소비자를 대상으로 한 조사 결과를 제출한 경우
- 해당 제품의 '여드름 개선' 효과를 표방하는 표시·광고에 대하여 해당 제품에 여드름 개선 효과가 있음을 입증하는 자료를 제출하지 아니하고 '여드름 피부 개선용 화장료 조성물' 특허 자료 등을 제출하는 경우

(예시) 실증 자료에서 입증한 내용이 표시·광고에서 주장하는 내용과 부분적으로만 상관이 있는 경우:

제품에 특정 성분이 들어 있지 않다는 '無(무) ○○' 광고 내용과 관련하여 제품에 특정 성분이 함유되어 있지 않다는 시험 자료를 제출하지 아니하고 제조 과정에 특정 성분을 첨가하지 않았다는 제조 관리 기록서나 원료에 관한 시험 자료를 제출한 경우

다시 말하면 화장품을 쓰면 무엇이 어떻게 개선된다고 써놨는데 누군가 신고해 입증 자료(실증 자료)를 제출하라고 해서 설문 조사 자료를 제출하거나 단순한 성분을 밝히는 특허 자료를 제출하거나 원료에 관한 시험 자료만 제출하면 안 받아줍니다. 특히 특허는 실

증 자료에서 효력이 없습니다. 많은 분들이 특허만 받으면 만사 오케이라고 생각합니다. 물론 특허를 받으면 세상 다 가진 듯한 기분이 들죠. 그 기분에 취해 특허권이 전 세계 어디든 갈 수 있는 만능 패스포트인 줄 알지만 심의에서는 쓸모가 없습니다.

또 상품 설명에 실험 결과를 넣고 싶다면 다음과 같이 법적으로는 두 가지로 구분합니다.

'인체 적용 시험'은 화장품의 표시·광고 내용을 증명할 목적으로 해당 화장품의 효과 및 안전성을 확인하기 위하여 사람을 대상으로 실시하는 시험 또는 연구를 말한다.

'인체 외 시험'은 실험실의 배양접시, 인체로부터 분리한 모발 및 피부, 인공 피부 등 인위적 환경에서 시험 물질과 대조 물질 처리 후 결과를 측정하는 것을 말한다.

표시·광고 표현 실증 자료

- 여드름성 피부에 사용 적합 → 인체 적용 시험 자료 제출

- 항균(인체 세정용 제품에 한함) → 인체 적용 시험 자료 제출

- 피부 노화 완화 → 인체 적용 시험 자료 또는 인체 외 시험 자료 제출

- 일시적 셀룰라이트 감소 → 인체 적용 시험 자료 제출

- 부기, 다크서클 완화 → 인체 적용 시험 자료 제출

- 피부 혈행 개선 → 인체 적용 시험 자료 제출
- 콜라겐 증가, 감소 또는 활성화

  → 기능성 화장품에서 해당 기능을 실증한 자료 제출
- 효소 증가, 감소 또는 활성화

  → 기능성 화장품에서 해당 기능을 실증한 자료 제출

예를 들어 샴푸를 판매하려는데 모발의 굵기나 윤기가 개선되었다는 실험을 하고 싶다면 이는 인체 외 시험에 해당됩니다. 또 이러한 실험과 시험은 개인이 혼자 직접 해서 올릴 수는 없겠죠? 그러면 어디에 맡기면 될까요?

예시로 '대학병원 피부과, ○○대학교 부설 화장품 연구소, 인체 시험 전문 기관' 등에 맡기면 됩니다. 좀 더 구체적으로 몇 군데만 알려드리면 한국건설생활환경시험연구원, 한국환경산업기술원, KOTITI 시험연구원, KTR 한국화학융합시험연구원 등이 있습니다. 이러한 기관에 비용만 지불하면 원하는 입증 실험 결과를 도출해줍니다.

비용 들이지 않고
기능성 제품을 만들 수 있다

여기서 소중한 독자들을 위해 화장품업자도 잘 모르는 최신 꿀팁을 알려드립니다. 이미용 산업 중에서도 두피, 모발에 대한 소비자 지출이 크게 늘고 있기에 샴푸를 제조해서 팔고 싶다고 해보죠.

샴푸를 만드는 것은 생각보다 쉬울 수 있습니다. OEM 제조 공장이 많기 때문입니다. 원하는 콘셉트의 샴푸를 구상한 후 자료를 들고 가지 않아도 공장장들이 친절하게 설명해가면서 제품을 만들어 줍니다. 다만 최저 생산 주문 물량(MOQ)이 있는데, 원료액 기준으로 한 번에 보통 최소 1톤 이상 정도는 만들어야 공장 측에서도 생산성이 있어서 진행할 겁니다. 큰 기업의 경우 통상 한 번에 5톤 이상의 원료를 만듭니다.

샴푸를 만든다면 당연히 기능성 샴푸를 만들고 싶어 할 겁니다.

무엇보다 '탈모 완화'라는 문구를 넣고 싶겠죠. 탈모 인구가 급증하고 있기에 이 문구만 넣으면 매출 상승에 큰 도움이 되니까요.

이제 탈모 완화라는 문구를 클래식하게 받아내는 방법을 알려드리겠습니다. 먼저 앞에서 언급한 기관들을 찾아 입증 시험을 맡겨야 하겠지요.

걸림돌이 두 가지 있는데, 기간과 비용입니다. 첫째, 탈모 완화라는 최종 문구를 승인받기까지 시간이 꽤 걸립니다. 심지어 몇 년 걸릴 수도 있습니다. 둘째, 비용도 만만치 않습니다. 최소 수천만 원에서 수억 원이 들 수 있습니다.

이래서 규모 있는 제조사나 브랜드가 아니라면 쉽게 탈모 완화 기능성 샴푸를 만들지 못하는 겁니다.

희소식을 전해드립니다. 2020년 12월부터 법이 바뀌었습니다. 앞으로는 다음에 열거하는 탈모 완화에 도움을 주는 기능성 성분 중 단 하나만 넣으면 따로 시간과 비용을 들여 시험을 하지 않아도 누구나 '탈모 완화에 도움을 준다'는 문구를 사용할 수 있도록 법이 변경됩니다. 다음과 같습니다.

식약처 모발 및 여드름 기능성 화장품 고시
탈모 증상의 완화에 도움을 주는 기능성 화장품 각 성분(기능성 화장품 기준 및 시험 방법 제2조 제9호 관련 성분)

→ '비오틴(Biotin), 덱스판테놀(Dexpanthenol), L-멘톨(L-Menthol), 징크피리치온(Zinc Pyrithione), 징크피리치온액(50%)(Zinc Pyrithione Solution(50%))'

그러니 위의 기능성 성분만 넣어달라고 제조 공장에 가서 말하면 앞으로 탈모 완화 샴푸는 비용 들이지 않고 누구든 포장 문구와 상품 문구에 탈모 완화 샴푸라고 적어도 문제가 없습니다. 여기에 망고를 넣으면 탈모 완화 망고 샴푸가 되고, 비타민을 넣으면 탈모 완화 비타민 샴푸가 되는 겁니다. 반드시 참고하시길 바랍니다.

" 증빙 자료 사전 확보는 필수다 "

다음은 증빙 자료 차례입니다. 소비자나 경쟁자가 신고해서 어느 기관이든 연락이 오면 증빙 자료를 제출하라고 요구합니다. 사업을 시작할 때 사업자 등록만 하면 그만일까요? 아니죠. 필요한 구비 서류가 있습니다. 어떤 것이 필요한지 알려드리겠습니다. 또 내 사업은 어느 기관에서 담당하는지 궁금할 텐데, 그것도 알려드립니다.

어떤 연구소에서 추천했다, 친환경이다, 유기농이다, 어디서 허가받았다 등등을 강조하고 싶을 때 꼭 갖추어야 할 자료도 말씀드리겠습니다. 이러한 사전에 비치해야 할 입증 자료도 없이 사업하면 모래 위에 성을 쌓는 것이나 마찬가지입니다. 가장 기본적인 것이기에 반드시 인지하시길 바랍니다.

일일이 외울 필요는 없고 새롭게 시작하고 싶은 업종이 있는지 보고 어떤 자료를 갖추어야 하는지, 또 어느 기관에서 담당하는지 체크한 후 필요할 때마다 참고하시면 되겠습니다.

업종 종목	입증 자료	입증 내용	소관 기관
학원	학원설립운영등록증		교육인적자원부 지방교육청 지방노동청
주류	주류제조방법신고서, 소규모맥주제조(판매) 면허증	알코올 도수	세무서
식품	원본대조필 식품품목제조보고서, 식품첨가물제조보고서	성분 및 배합 비율 제조 방법	식약처, 지방자치단체
건강 기능 식품	건강 기능 식품 제조업허가증, 건강 기능 식품 제조신고서, (제조 방법 설명서 포함), 건강식품협회 원본대조필, 사전심의필증	사업 허가 여부 건강 기능 식품 신고 여부 광고 표현 허용 여부	식약처 건강기능식품협회
친환경 농산물 유기농 농산물 무농약 농산물 저농약 농산물	친환경농산물인증서 유기농농산물인증서 무농약농산물인증서 저농약농산물인증서		국립농산물품질관 리원
수입 식품	식품 등의 신고필증 시험 성적서		관세청 식품위생 검사 기관
의약품	제조업허가증 제조품목허가증 제약협회 사전심의필증	허가 여부 및 효능·효과 광고 허용 표현 여부 및 효능·효과	식약처 한국제약협회

업종 종목	입증 자료	입증 내용	소관 기관
의약외품 의료 기기	제조업허가증 제조품목허가증	허가 여부 및 효능·효과	식약처
화장품	기능성 화장품 심사결과통보서 제품표준서(세제류 포함)		식약처 제조업체
농약	라벨+허가필 도장 농약제조품목등록증 농약판매업등록증	농약 성분, 효능, 허가 사항	농약공업협회 농약중앙회
보험	보험업허가증		금융감독원
운동 시설	체육시설업신고필증 체육시설업등록증		지방자치단체
통신판매	통신판매업신고증		지방자치단체
어린이집	보육시설인가증		지방자치단체
자동차	제원표(카달로그)	자동차 제원표	업체
인터넷 관련	도메인 등록 정보 현황 개설 사이트 출력본	도메인 등록 여부	한국인터넷정보센터

3장

포장지 문구 · 용기 문구에 쓰면 안 되는 표현

포장 문구를 만들기 전에
위반 표현을 점검하라

이번에는 포장지와 용기에 쓰면 안 되는 문구와 허용된 문구라도 어떠한 규정을 따라야 하는지 알려드리겠습니다.

종종 상품 포장 디자인, 시안, 문구를 완성한 후 우리 회사의 문을 두드리는 분들이 있습니다. 그때 법규 위반 사항을 정리해드리면 결국 힘들게 완성한 제품 디자인과 문구, 스티커를 다시 작업해야 하는 경우가 있습니다.

이 심각한 이야기가 와닿지 않는다면 사례를 들어보죠. 반려동물 간식과 건강식품 브랜드에서 컨설팅을 의뢰했습니다. 제품 포장 문구를 보니 심의 위반투성이였습니다.

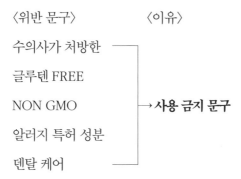

〈위반 문구〉 　　　　 〈이유〉

수의사가 처방한

글루텐 FREE

NON GMO 　　　→ **사용 금지 문구**

알러지 특허 성분

덴탈 케어

그래서 위반 문구를 다음과 같이 표현 가능한 문구로 변경해드렸습니다.

〈위반 문구〉　 〈변경 문구〉

효능　　　　　→ **기능 또는 목적**

치석　　　　　→ **치태가 굳은 퇴적물, 구강 내 석회 퇴적물**

뼈/관절 건강　→ **뼈 관절 관리, 뼈 관절 영양 보급**

탁월한 기호성 → **거부 없는 기호성**

피부 개선　　　→ **피부 관리**

모질 개선　　　→ **모질 관리**

면역 향상　　　→ **면역 관리**

시력 개선　　　→ **눈 관리, 눈 영양 보급**

눈물 개선　　　→ **눈물 관리**

반려동물 시장이 급성장하고 있으니 앞으로도 반려동물 관련 산업이 계속 성장할 것이고, 여러 제품이 하루가 멀다 하고 출시되고 있어 관심을 가진 분들이 있을 겁니다. 반려동물 관련 심의는 보통 지자체 축산과에서 사전 심의와 사후 심의를 시행합니다. 또 반려동물용품이 가공품이라면 일반적인 광고 심의 적용을 받지만 반려동물이 먹는 사료, 간식, 건강식품이라면 사람이 먹는 상품을 담당하는 식약처나 건강기능식품협회와는 상관이 없고 사료관리법의 적용을 받습니다.

최근 규정이 바뀌었습니다. 식약처 식품 표시 규정에 따른 몇 가지를 말씀드리죠.

식품 표시 제도는 3개 법령 및 7개 고시로 운영됩니다. **법령은 1. 식품위생법 2. 축산물 위생관리법 3. 건강 기능 식품에 관한 법률입니다.** 건강 기능 식품은 그만큼 중요해서 따로 떼내 법을 적용합니다. 고시는 표시 기준인데 써야 하는 내용을 나라에서 정해놓은 거예요. 심지어 글씨 크기까지 정해놨어요.

상품 용기나 상품 포장에 들어가는 문구는 일단 한글 표기가 원칙입니다. 그런데 한자나 외국어를 혼용해도 됩니다. 다만 건강 기능 식품은 안 됩니다. 멋지게 한자나 영어를 섞어 쓰면 다시 작업해야 합니다. 한자나 외국어를 섞어 쓰려면 한글 글씨랑 같거나 한글 글씨보다 작게 표시해야 합니다. 글씨 크기는 10포인트 이상으로 표시해야 합니다. 모든 상품군을 다룰 수 없으니 가장 중요하게 보는 식품을 기준으로 말씀드리겠습니다. 다른 상품군도 원칙은 비슷하게 적용된다고 보면 됩니다.

식품 등의 표시 기준 [별지 1] - 표시 사항별 세부 표시 기준

법률 주요 내용 제4조(표시의 기준)

1) 원재료명 또는 성분명을 제품명 또는 제품명의 일부로 사용할 수 있는 경우

가) 식품의 제조·가공 시에 사용한 원재료명이나 성분명을 제품명 또는 제품명의 일부로 사용하고자 하는 경우나 두 가지 이상의 원재료 명칭을 서로 합성하여 제품명 또는 제품명의 일부로 사용하고자 하는 경우에는 해당 원재료명 또는 성분명과 그 함량(백분율, 중량, 용량)을 주 표시면에 14포인트 이상의 활자로 표시하여야 한다

(예시) 흑마늘ㅇㅇ(흑마늘 ㅇㅇ%)

- 식품의 원재료가 추출물 또는 농축액인 경우 그 원재료의 함량과 그 원재료에 함유된 고형분의 함량 또는 배합 함량을 백분율로 함께 표시한다

(예시) 딸기ㅇㅇ(딸기 추출물 ㅇㅇ%(고형분 함량 ㅇㅇ% 또는 배합 함량ㅇㅇ%)

나) 해당 식품 유형명, 즉석 섭취·편의 식품류명 또는 요리명을 제품명 또는

제품명의 일부로 사용하는 경우는 함량을 표시하지 않아도 무방하다

(식품 유형명 사용 예시) 'ㅇㅇ토마토케첩'(식품 유형: 토마토케첩)

(즉석 섭취·편의 식품류명 사용 예시) 'ㅇㅇ햄버거' 'ㅇㅇ김밥'

(요리명 사용 예시) '수정과 ㅇㅇ' '식혜 ㅇㅇ' '불고기 ㅇㅇ'

따라서 원재료명인 홍삼을 판매한다면 홍삼 ㅇㅇ%라고 함량을 반드시 표기해야 하지만 요리명인 김밥, 초밥, 짜장면, 떡볶이, 피자, 만두 같은 경우는 성분 함량 표시를 하지 않아도 아무 문제 없습니다.

정육을 팔고자 하는 분도 많을 텐데, 저도 근래에 한우를 라이브 커머스로 팔아서 인기를 끌었습니다. 만약 직접 제조하신다면 다음을 기억해야 됩니다.

<포장육 및 식육 가공품>

식육의 종류(품종명 포함) 또는 부위명을 제품명으로 사용하고자 하는 경우

- 가장 많이 사용한 원료 식육의 종류(품종) 또는 부위명을 제품명으로 사용하고 제품에 사용한 모든 식육의 종류(품종명) 또는 부위명과 함량을 주 표시 면에 표시하여야 한다

(예시) 등심(50%), 목심(30%), 안심(20%)을 원료로 포장육 제조 시 부위명을 제품명으로 사용하고자 할 경우 '등심'을 제품명으로 사용하고 등심(50%), 목심(30%), 안심(20%)을 주 표시 면에 14포인트로 표시한다

혼합 제제류 식품첨가물의 경우에는 고시된 혼합 제제류의 명칭 표시를 생략하고 이에 포함된 식품첨가물 또는 원재료를 많이 사용한 순서대로 모두 표시한다. 다만, 중복된 명칭은 한 번만 표시할 수 있음

(예시) 물, 설탕, 식물성 크림(야자수, 설탕, 유화제), 혼합 제제(설탕, 안식향산나트륨) → 물, 설탕, 야자수, 유화제, 안식향산나트륨

제일 비싼 부위는 조금 들어갔는데 그걸 전면에 내세우면 심의에 위반됩니다. 예를 들어 돼지고기 삼겹살 90%와 소고기 안심 10%를 혼합해서 팔면서 'OO 소고기 안심'이라 표기하면 안 됩니다. 소비자를 오도, 혼동시키는 표현은 무조건 안 됩니다.

그러면 쓰면 절대 안 되는 법 규정을 말씀드리겠습니다.

- 부당한 표시 또는 광고 행위 항목 및 범위 규정(시행령)
  - 건강 기능 식품이 아닌 것을 건강 기능 식품으로 인식할 우려가 있는 표시 또는 광고
  - 기능성이 있는 것으로 표현하는 표시·광고
- '건강 기능 식품' 문구나 도안을 사용한 표시·광고(고시안)
- '체중 감소' '체지방 감소' 또는 이와 유사한 표현을 사용한 표시·광고
  - 특수 용도 식품으로 임산부·수유부·노약자, 질병 후 회복 중인 사람 또는

환자의 영양 보급 등에 도움을 준다는 내용의 표시·광고

• 해당 제품이 발육기, 성장기, 임신 수유기, 갱년기 등에 있는 사람의 영양
보급을 목적으로 개발된 제품이라는 내용의 표시·광고

따라서 '이 제품은 성장기 자녀를 위해 개발된 식품입니다'라거나 '갱년기 여성을 위해 특별히 만든 식품입니다'라는 식의 문구는 안 됩니다. 그리고 달나라 가는 우주인만을 위해 나사(NASA)에서 개발한 식품이 아닌 다음에는 특정 대상을 위해 개발된 제품은 없습니다. 정말 그런 것이 있다면 그건 특정 환자만을 위한 약이 됩니다.

식품의약품안전처장이 고시한 '식품첨가물의 기준 및 규격'에서 규정하지 않는 명칭을 사용한 표시·광고

(예시) '무MSG' 'MSG 무첨가' '무방부제' '방부제 무첨가'

이게 왜 안 될까요? 방부제란 말은 우리가 일상에서 쓰는 말이고 상품 법규상 정식 용어는 아니기에 사용하지 못합니다. 또 '우리 제품은 신토불이 국내산 100%이며 MSG는 조금도 넣지 않았습니다'라는 말도 사용할 수 없습니다. 다소 납득이 안 될 수 있겠지만 설령 MSG를 넣지 않았다고 해도 넣지 않았다는 문구를 포장지에 쓰면 위반입니다.

- 다른 제품을 상대적으로 규정에 적합하지 않다고 인식하게 하는 표시·광고

  (예시) 농약 기준에 적합한 녹차, 중금속 기준에 적합한 김치
- 합성향료만을 사용하여 원재료의 향 또는 맛을 내는 경우 그 향 또는 맛을 뜻하는 그림, 사진 등의 표시·광고

  (살짝 딸기 향을 넣어놓고 딸기 그림을 넣으면 안 된다.)
- 정의와 종류(범위)가 명확하지 않고, 객관적·과학적 근거가 충분하지 않은 용어를 사용하여 다른 제품보다 우수한 제품으로 소비자를 오인·혼동시키는 표시·광고

  (예시) 슈퍼푸드(super food), 당지수(Glycemic Index, GI), 당부하 지수(Glycemic Load, GL) 등

슈퍼푸드가 왜 금지어인가 싶죠? 슈퍼푸드라는 말도 언론 또는 누군가가 임의로 만들어낸 말일 뿐이지 정식 과학 용어, 법적 용어, 의학 용어가 아닙니다. 그리고 슈퍼푸드라고 하면 다른 식품을 상대적으로 비하하면서 자신만 뛰어나다는 오해를 주기 때문에 상품 포장이나 용기에 쓰지 못하게 되어 있습니다.

- 유전자 변형 농·축·수산물이 아닌 농·축·수산물 또는 이를 사용하여 제조·가공한 식품 등에 '비유전자 변형 식품, 무유전자 변형 식품, Non-

GMO, GMO-free' 또는 이와 유사한 용어 및 표현을 사용한 표시·광고

그러므로 '이 식품은 GMO가 아닙니다. 국내산 토종 농산물입니다'라는 문구는 실제 그렇다 해도 써서는 안 됩니다. 법이 그렇습니다. 소비자가 GMO에 대해 매우 예민하지만 현재 법으로는 GMO에 대한 의무 표기도 없고 GMO가 아니라는 말도 사용하지 못합니다. 역시 납득하기 어렵겠지만 현행법이 그렇습니다.

• 다른 업체나 다른 업체의 제품을 비방하는 표시 또는 광고:

비교하는 표현을 사용하여 다른 업체의 제품을 간접적으로 비방하거나 다른 업체의 제품보다 우수한 것으로 인식될 수 있는 표시·광고

가. 다른 업소의 제품을 비방하거나 비방하는 것으로 의심되는 표시·광고

(예시) '다른 제품들과 달리 우리 제품은 △△△을 첨가하지 않습니다'

'다른 제품들과 달리 우리 제품은 △△△만 사용합니다'

나. 자기가 공급하는 식품 등이 객관적 근거 없이 경쟁 사업자의 것보다 우량하다 또는 유리하다는 용어를 사용하여 소비자를 오인시킬 우려가 있는 표시·광고

(예시) '최초'를 입증할 수 없음에도 '국내 최초로 개발한 ○○ 제품' '국내 최초로 수출한 ×× 회사' 등의 방법으로 표시·광고하는 경우

(예시) 조사 대상, 조사 기관, 기간 등을 명백히 명시하지 않고 '고객 만족도 1위' '국내 판매 1위' 등을 표시·광고하는 경우

- 사행심을 조장하거나 음란한 표현을 사용하여 공중도덕이나 사회윤리를 현저하게 침해하는 다음 각 목의 표시 또는 광고
  - 식품 등의 용기·포장을 복권이나 화투로 표현한 표시·광고(고시안) 미풍양속을 해치거나 해칠 우려가 있는 저속한 도안, 사진 또는 음향 등을 사용하는 표시·광고
  - 성기 또는 나체 표현 등 성적 호기심을 유발하는 그림, 도안, 사진, 문구 등을 사용한 표시·광고(고시안)

신체 부위를 연상시키는 문구나 그림, 사진도 포장지에 써서는 안 됩니다. '키스하고 싶어지는 캔디' '만지고 싶은 젤리' 같은 표현도 금지됩니다. 과거에 한 여성이 등장해 "줘도 못 먹나"라고 외치는 CF가 있었습니다. 광고에서 자막과 멘트로는 가능하지만 포장 문구로 사용하면 안 됩니다.

" 처분과 벌칙 "

지금까지 언급한 위반 문구를 사용해 적발되면 처분과 벌칙을 받습니다. 단순히 제조자만 해당되는 것이 아니라 다음과 같은 부분도 적용받습니다.

표시가 없거나 표시 방법을 위반한 식품 등을 판매한 자, 소분한 자, 수입한 자, 포장한 자, 보관한 자, 진열한 자, 운반한 자, 영업에 사용한 자

위에 해당하는 이들 모두 처벌받습니다. 보이스피싱이나 마약 중간 운반책도 같이 처벌받는 것과 같습니다. 처분은 이렇습니다.

표시 문구 위반된 상품은 압류, 회수, 폐기 처분당합니다. 팔지도 못한 상품이 모두 폐기될 때 심정이 어떨지 상상해보십시오.

또 영업 정지를 당하거나 영업 허가, 영업 등록이 취소됩니다. 사업을 더 이상 이어가지 못한다고 할 수 있습니다.

제20조(부당한 표시·광고에 따른 과징금 부과 등)에 의거해 판매한 식품 등의 판매 가격에 상당하는 금액을 과징금으로 맞을 수 있습니다.

다시 말하면 판매한 금액만큼 과징금을 맞을 수 있습니다. 만약 지금 월 매출 1억을 올리고 있다면 그중 물품 대금, 사무실 비용, 택배비, 인건비 주고 남는 것이 실제 이윤인데, 과징금은 실이윤이 아니라 매출에 대해 부과됩니다.

앞에서 잠깐 언급하긴 했지만 특히 강력한 법을 적용하는 것이 있습니다.

제8조 제1항(부당한 표시 또는 광고 행위)

1) 질병의 예방·치료에 효능이 있는 것으로 인식할 우려가 있는 표시 또는 광고

2) 식품 등을 의약품으로 인식할 우려가 있는 표시 또는 광고

3) 건강 기능 식품이 아닌 것을 건강 기능 식품으로 인식할 우려가 있는 표시 또는 광고

1)~3)에 해당하는 행위를 하다가 적발되면 10년 이하의 징역 또는 1억 원 이하의 벌금을 받습니다.

해당 식품 등을 판매했을 때는 판매 가격의 4배 이상 10배 이하 벌금이 병과됩니다.

4) 거짓·과장된 표시 또는 광고

5) 소비자를 기만하는 표시 또는 광고

6) 다른 업체나 다른 업체의 제품을 비방하는 표시 또는 광고

7) 객관적인 근거 없이 자기의 제품을 다른 영업자의 것과 부당하게 비교하는 표시 또는 광고

8) 사행심을 조장하거나 음란한 표현을 사용하여 공중도덕이나 사회윤리를 현저하게 침해하는 표시 또는 광고

4)~8)에 해당하는 행위를 하다가 적발되면 다음과 같은 처벌을 받습니다.

5년 이하의 징역 또는 5,000만 원 이하의 벌금이 부과됩니다.

광고 기준을 위반해도 300만 원 이하의 과태료가 부과됩니다.

자, 여기까지입니다. 그러면 실제 이런 처벌을 받으면 어떻게 대처해야 할까요? 우선 머리가 하얘질 겁니다.

제 독자와 수강생 중에 이런 일로 연락을 해오는 분이 종종 있습니다. 어디서 민원이 들어왔는데 벼락 맞은 기분이다, 하늘이 노랗다, 돈도 못 벌었는데 과태료 얼마 맞았다, 판매 중지나 30일 영업 정지당했다 등등의 말씀을 하십니다. 이에 대처하는 방법이 세 가지

있습니다.

이의신청, 행정심판, 행정소송입니다.

변호사를 쓰시든가 직접 발로 뛰어서 말이죠. 이거 말고는 답이 없습니다. 제일 많이 하는 게 이의신청입니다. 하지만 이의신청해서 없었던 일로 넘어가는 경우를 별로 못 봤습니다.

따라서 애초에 무리해서 문구를 인상 깊게 쓰려는 욕심을 버리고 조심하는 것이 답입니다.

4장

상품별
표현 금지 문구
& 허용 문구

식품 및 건강 기능 식품
단속 대상 표현

지난 장에서 상품 개발, 제조 시 포장지 문구, 용기 문구 금지 언어를 다루었다면 이번 장에서는 상품을 판매할 때 상품 설명 문구, 상세 페이지 금지 언어 위주로 설명하겠습니다. 제조사라고 하기보다는 상품 판매자라고 생각하고 말씀드리죠. 아무튼 상품 판매자가 어디에든 사용하면 안 되는 금지 언어를 알려드립니다.

생수를 파는 온라인 상세 페이지에 이 생수를 마시면 어떤 병에 좋고 몸 어디가 좋아진다고 써놓은 것을 보고 기겁했습니다. 이 정도면 우리 표현으로 쇠고랑 찬다고 해요.

식품에서 효능이란 표현을 못 쓰는데 '효능'이란 문구부터 '병명'까지 기재한 상세 페이지가 근래에 대거 처벌받았습니다. 한방차나 1차 식품 팔면서 어디에 좋다, 또는 치료한다는 표현이 수두

록합니다.

건강식품만큼 이윤 좋은 상품이 없습니다. 요즘은 제조 공장에서 원하는 콘셉트로 쉽게 만들어줍니다. 그런데 제 판매 회사도 건강식품을 팔고 있지만 다른 건강식품 제조사 대표들과 이야기해보면 살얼음 위를 걷는 것 같다고 말합니다. 심의가 무척 까다로워서 제대로 공부하지 않으면 안 되기 때문입니다.

어떤 건강식품이든 질병을 언급하는 건 아주 위험합니다. 비타민을 판매할 때 결핍증이나 피로 회복이라는 말을 쓰면 안 됩니다. 그런데 이렇게 쓰면 괜찮습니다.

'이런 분에게 권합니다. 피곤에 절어 사는 우리 남편을 위해.'

이건 우회 표현이라 괜찮습니다.

단백질 보충제 선식에 '면역력 증진, 피부 탄력 유지, 피부 노화 방지, 스태미나 작용'이라는 문구를 쓰면 안 됩니다. 그 어떤 건강식품이라도 '노화 방지'라는 문구를 쓰면 큰일 납니다. "인터넷 쇼핑몰에서 판매하는 것 중 어떤 상품은 노화 방지라는 말을 쓰던데요?"라고 반박할 분이 있을지도 모릅니다. 아무것도 모르는 사람이 올린 겁니다. 우리 표현으로 목숨 걸고 장사하고 있는 셈이죠. 유관 기관에 신고하면 벌금이 부과됩니다. 건강 기능 식품 판매 시 표현 금지 문구를 표로 정리해봤습니다.

제품	표현 금지 문구
비타민 A	치아 건강에 도움, 야맹증, 각막건조증
비타민 $B_1 \cdot B_2 \cdot B_6$	ㅇㅇ결핍증, 부종, 피로, 허약 체질, 빈혈
비타민 C	상처 치유, 괴혈병, 치주염, 근육 쇠약
비타민 D	골다공증, 뼈, 골절
비오틴	피부염, 모발 손상, 식욕 감퇴, 피로, 근육통, 우울증
마그네슘	성장 저해, 행동장애, 식욕부진, 심장 기능에 도움을 줌
요오드	갑상선 이상 예방 및 치료
식이 섬유 보충용	변비 치료나 예방, 당뇨병 예방, 다이어트 후 요요 현상 없음, 일시에 10㎏ 이상 다이어트
칼슘 보충용	각종 신체 불균형 개선, 관절염 및 뼈 질환 예방
오메가3	치매 예방, 기억력 증강, 뇌 기능 활성 물질, 두뇌 신경 발달, 학습 기능 향상, 수험생 건뇌 식품
효모	간세포 재생 효과 근육 및 노화 세포에 활력, 생체 내 저항력 증진, 면역 기능 향상, 간장 기능 향상, 해독 작용, 숙취 해소
효소	각종 성인병 예방, 다이어트 작용, 비만 방지 작용, 피부 미용, 변비·숙변 예방
유산균	변비 예방, 소화 흡수 대사 촉진, 소화불량 해소, 위장 치료
클로렐라	혈압 조절, 간장 보호, 세포 부활 작용, 비만 방지
알로에	항균 작용, 피부 질환 개선, 피부 미용, 상처 수복 및 회복
글루코사민	관절염 치료
프로폴리스	살균 작용, 염증 억제
식물 추출물 발효	소화불량 해소, 변비 개선 및 예방, 피부 미용 효과, 다이어트, 체중 감소, 공복감 제거

" 과장 광고 단속 대상 표현 정리 "

가끔 과장 광고로 걸렸다는 뉴스를 본 적 있죠? 과장 광고를 한 사람들은 일부러 그런 표현을 썼을까요? 누가 당할 걸 알면서 그러겠습니까? 보통 몰라서 그런 겁니다. 그러면 나라에서는 대체 어떤 표현을 과장 문구로 볼까 궁금하시죠? 식약처에서 규정한 과장 광고 단속 대상 표현을 정리해봤습니다.

먼저 사용하면 안 되는 질병, 증상 표현입니다. 법령으로 명시한 것이니 이런 표현은 꼭 숙지하고 절대 쓰시면 안 됩니다.

<식품의약품안전처 식품 과장 광고 단속 대상 표현(질병, 증상)>

단속 대상 표현											
당뇨병	다이어트	습진	뇌종양	퇴행성 관절염	간 독소	동맥 질환	부종	조후	위장염	해열	독성 물질
난치성 질환	류머티즘	천식	다한증	지방간	간기	남성호르몬	불면증	체지방	유당불내증	장염	알러지
고혈압	노화	복부비만	만성피로	남성 성 기능	남자 음위	소화력	신경질환	조혈	유방	허약체질	
췌장염	질염	심장병	동맥경화	콜레스테롤	세포노화	수족냉증	소화불량	체질	유방암	혈당조절	
골다공증	대장염	충치	두통	남성기력	성 기능	숙변	비염	정력	피로	혈압	
치매	비만	간염	독소	파킨슨병	생리통	무월경증	설사	아토피피부염	피부	탈수	
성인병	뇌졸중	감기	위염	폐경기	부인병	발기불능	식욕부진	췌장암	피부미용	편도선염	
요실금	강장	디스크	신경통	강심	남성정력	방광염	원기	야뇨증	피부병	편두통	
기미	관절염	건망증	생리활성	항암	면역력	숙취	오줌소태	탈모	피부질환	폐렴	
피부노화	중풍	고지혈증	여드름	간 해독	뇌출혈	신장병	위장기능	오십견	항균	혈뇨	
변비	난치병	냉한	우울증	간 질환	대사기능	식욕	자양	콩팥	항당뇨	호흡곤란	
빈혈	위궤양	담석	골절	간 정화	면역	신	식중독	탈모증	해독	화상	
갑상선	저혈압	바이러스	골연화증	간장	생리	심근경색	장 기능	폐결핵	자궁암	황달	

<식품의약품안전처 과장 광고 단속 대상 표현(효능, 효과)>

단속 대상 표현			
흡착	치료	최소화	재생
효과	회복	감량	저하
예방	개선	감퇴	정화
제거	특효	반응	증진
방지	증강	보강	해결
해소	촉진	보호	죽임
향상	손실	분해	부족
효능	감소	억제	결핍
강화	저해	완화	차단
조절	활성	작용	

<식품의약품안전처 과장 광고 단속 대상 표현(단일 문구)>

단속 대상 표현				
고농축	우수한	단체 추천	기능성	최적
고농도	불로초	의사가 추천하는	병약자의 건강 기능 회복	최초
단독 선두	상장을 수여하여	약사가 추천하는	복합 특이 항체	허약 체질
뛰어난	체험 수기	박사가 추천하는	빅히트	FDA 등록
쾌변	21세기 순수 자연 식품	FDA 공인한 식품	생체 에너지원	천연
특수 공법	신비한 변화	FDA가 인정하는	성장기	고품질
특허 다이어트	으뜸	동의보감에서	성장 발육	주문 쇄도
피부 미용	가장 큰 효과	본초강목에서는	세포 활성화	공식 허가
최고	가장	FDA 승인 제품	수험생	정부 공인
특허출원	고순도	감사장을 받은	신개념	
공신력 있는	만병의 근원	천연의 신비	여성 건강	
고기능성	믿을 수 있는	고단위	영양 보급	

그리고 이건 모든 상품에 해당되는 것인데, 객관적인 사실에 근거하지 않고 '최고' '가장 좋은' 또는 '특' '특수 제법' 'best' 'most' 'special' 등의 단어를 쓰는 것은 지양하십시오. 즉 '최고' 같은 말은 아예 쓸 생각도 하지 마세요.

" 식품 심의를 빠져나가는 꼼수 문구 "

꼼수를 하나 알려드리겠습니다. 물론 위험할 수 있으니 적극 추천하는 건 아니지만요. 기능성 없는 제품을 있는 것처럼 표현하고 싶을 때 이렇게 하세요.

가령 블루베리, 빌베리, 라즈베리, 블랙베리, 아사이베리를 판매한다고 해보죠. 당연히 이걸 먹으면 어디에 좋다, 효능은 뭐다 같은 말을 하고 싶겠죠? 그러면 위험성은 있지만 이렇게 우회할 수 있겠습니다.

이 열매는 안토시아닌, 비타민, 폴리페놀 함량이 레몬의 몇 배이며, 먹으면 어디에 좋다고 자료 출처를 객관적으로 인용해 마치 단순 기사 인용처럼 언급하고 문구 마지막에 워터마크처럼 작은 단서를 괄호 안에 넣으면 됩니다.

(설명은 해당 원료에 한함)

(제품이 아닌 원물에 대한 일반적 정보임)

(설명은 해당 원료에 대한 기사 정보에 국한됨)

(제품의 효능과는 관계없는 건강 정보에 대한 설명임)

할 말 다하고 위와 같이 단서 자막만 다는 것이죠. 이것도 방법입니다.

아울러 건강 기능 식품은 약이 아니므로 '영양제'라고 표기해서는 안 됩니다.

많은 이들이 효능 효과 표시에 'OO에 도움을 줌'과 'OO에 도움을 줄 수 있음'을 혼동합니다. 과거에는 건강 기능 식품을 생물학적 활동에 특별한 효과가 있어 건강상의 기여나 기능 향상 또는 건강 유지 개선을 나타내는 생리 활성 기능 등급에 따라 1등급은 '도움을 줌', 2등급은 '도움을 줄 수 있음'으로 표기해야 했습니다. 그래서 소비자는 '도움을 줌'이라고 되어 있으면 좋은 거고 '도움을 줄 수 있음'이라고 되어 있으면 질이 떨어지거나 효과가 약한 거라고 생각했습니다. 그러나 2016년에 이러한 생리 활성화 기능 원료 등급이 폐지되었습니다.

그래서 이제는 질병 발생 위험 감소 기능 원료를 담고 있을 때는 강력하게 'OO(질병명) 발생 위험 감소에 도움을 줌'으로 표기하고 그 외의 생리 활성화 기능 원료는 'OO(효과)에 도움을 줄 수 있음', 영양소 기능 원료는 'OO에 필요'로만 표시할 수 있습니다.

좀 더 깊이 들어가면 질병 발생 위험 감소 기능을 담고 있어 'OO (질병명)에 도움을 줌'이라고 표기할 수 있는 원료는 비타민 D, 칼슘, 자일리톨 정도입니다.

예를 들면 비타민 D나 칼슘 건강 기능 식품에는 '골다공증(질병명) 발생 위험 감소에 도움을 줌'이라고 할 수 있고 자일리톨 건강 기능 식품에는 '충치 발생(질병명) 위험 감소에 도움을 줌'이라고 강하게 표기할 수 있습니다.

그리고 그 외의 건강 기능 식품은 거의 대부분 '도움을 줄 수 있음'이라고 약하게 표기해야 합니다. 그러니 잘 모르겠다 싶으면 무조건 안전하게 '도움을 줄 수 있음'이라고 표기하십시오. 아래 예시를 참고하세요.

루테인 첨가로 눈 건강에 도움 (×)

루테인 첨가로 눈 건강에 도움을 줄 수 있음 (○)

건강한 눈에 도움을 주는 루테인 사용 (○)

글루코사민 사용으로 관절 건강에 도움 (×)

글루코사민을 사용해 관절 건강에 도움을 줄 수 있음 (○)

관절에 좋은 글루코사민 사용 (○)

화장품 단속 대상 표현

" "

화장품은 어떤 광고 문구를 금지하는지 구체적으로 말씀드리겠습니다. 우선 부적합 표현입니다. 심의 기관에서는 크게 의약학적 표현, 기능성 표현, 기타 부적합 표현 등 세 가지로 분류합니다. 다음 표를 보면서 익혀보시죠.

<화장품 표현 부적합 금지 문구>

1) 의약학적 표현	
혈액순환 원활	진단, 회복, 촉진, 치유, 면역
피로와 긴장감에서 해방	피부 박피
생명 기능에 활발하게 작용	독소 제거
신진대사 촉진	화상, 습진, 버짐 등 피부 증상에 효과
다크서클 및 눈의 부기 감소	항염 작용 및 염증에 효과
세포에 생생한 에너지 공급	피부 트러블 해결
노화 방지	아로마세라피
피부 재생	각질

그리고 알아두어야 될 것이 있는데, 기능성 화장품이라고 해도 다음과 같은 표현은 단정적인 것이라 부적합니다.

<화장품 기능성 표현 부적합 문구>

2) 기능성 표현(기능성 화장품이라도 다음과 같은 표현은 단정적인 것으로 부적합함)	
눈가의 그늘을 지워준다	표정 변화만으로 생기는 주름까지 잡아줌
백 퍼센트 그늘 없는	잔주름을 없애준다
기미, 검버섯 등의 치료제로 사용	4주 만에 효과 확인
피부 얼룩의 원인을 근본적으로 차단	어떤 자외선도 비켜간다
이미 진행된 피부 결점을 철저하게 관리	내부 자외선 차단까지 삼중 자외선 차단
보다 근본적인 피부 톤 개선	생활 자외선까지 꼼꼼히 예방

다음은 기타 법규에서 규정하는 부적합 표현입니다.

<화장품 기타 부적합 표현 문구>

3) 기타 부적합 표현	
비타민 E는 피부가 나이 드는 것을 막아준다	부작용이 없다
눈으로 바로 확인 가능하다	화장품은 아무거나 쓰면 안 된다

이상의 의약학적 표현, 단정적인 기능성 표현, 기타 부적합 표현은 모두 법으로 금지하는 위험한 표현입니다. 그럼에도 지금 이 순간에도 이런 문구를 쓰는 무모한 분이 많습니다. 고발당하면 영업 정지까지 받을 수 있습니다.

화장품류의 최근 위반 사례를 살펴보겠습니다. 살균 세정제를 팔면서 '살균 소독'이라고 표기했다가 심의 제재를 받았습니다. 우리가 흔히 손 세정제라고 하는 'sanitizer'는 화장품으로 분류되고 살균 소독수는 식약처에 인증 고시된 소독수여야만 합니다.

손 세정제 ≠ 살균 소독수

살균 소독수를 팔면서 '살균 효과'라고 하지 않고 '항균 효과'라고 했다가 법적 제재를 받은 곳도 있습니다. 살균과 항균은 완전히 다른 얘기입니다. 살균은 세균을 일시적으로 한번 죽이는 것이지만 항균은 세균이 다시 자라지 않도록 살균 시간이 일정 시간 유지되어야 하는 것을 뜻합니다.

살균 ≠ 항균

최근 기능성 화장품을 판매하면서 나름 애칭을 써서 '주름 지우개, 주름 다리미'라고 표현했어요. 괜찮은 것 같죠? 그렇지만 최근에 과장 광고로 적발되어 제재를 받았습니다.

배울수록 더 어렵나요? 좋은 현상입니다. 돌다리도 두들겨보라는 속담처럼 예전엔 자신 있게 근사한 문구만 만드는 것에 집중했다면 이제는 확인하고 점검하는 습관이 생길 여지가 생겼다는 것이니까요.

" 화장품 심의를 빠져나가는 "
꼼수 문구

이쯤 되면 화장품을 판매하면서 주름 개선, 노화 개선, 피부 개선 같은 얘기를 하고 싶겠죠? 역시 꼼수 문구가 있습니다. 다음 문구는 살짝 우회하는 표현이라 안심하고 써도 아무 문제가 없습니다.

- ○○ 성분이 외부 자극으로 손상된 피부 장벽을 케어해 건강한 피부로 가꿔준다
- ○○ 성분의 강한 생명력으로 싱그럽게 피어나는 젊음의 피부로 만들어 주는 토털 안티에이징 케어
- 자극은 줄이고 모공은 집중 관리하는 고효능 제품
- 전문 피부 관리를 받은 듯 단번에 탄력을 선사하는 고강도 안티에이징
- 피부에 상쾌한 청량감을 가득 채워주어 피부 스트레스를 진정시키는 제품

- 기미, 잡티 등 노화 징후를 케어해 피부에 젊음을 선사하는 기미 집중 케어 안티에이징
- ○○ 성분을 담아 탄력, 피붓결, 윤기를 새롭게 살리는 집중 안티에이징
- 매끈한 눈매로 가꿔주는 눈가 결 케어
- ○○ 성분이 피부의 힘을 키워주는 탄력 에너지

그러면 화장품에서 대놓고 써도 합법적인 표현은 없을까요? 있죠. 식약처에서 허가한 표현이 있는데, 다음과 같습니다. 역시 표로 정리해두었습니다. 다음 장에 정리해놓은 문구는 마음껏 써도 누구도 뭐라 할 수 없는 합법적인 문구입니다.

"

화장품 허용 가능한
표현 문구 정리

"

<화장품의 유형별 효능·효과(별표 3 제2호 나목 관련)>

화장품 유형	표현 가능한 효능·효과(식약처에서 허가한 표현)
어린이용	• 어린이 두피 및 머리카락을 청결하게 하고 유연하게 한다. • 어린이 피부의 건조를 방지하고 유연하게 한다. • 어린이 피부의 거칠음을 방지한다. • 어린이 피부를 건강하게 유지한다.
목욕용	• 피부를 맑고 깨끗하게 하고 유연하게 한다. • 몸에서 향기로운 냄새가 나게 한다. • 목욕 후 상쾌감을 준다.
눈 화장용	• 색채 효과로 눈 주위를 아름답게 한다. • 눈의 윤곽을 선명하게 하고 아름답게 한다. • 눈썹을 아름답게 한다. • 눈썹, 속눈썹을 보호한다. • 눈 화장을 지워준다(아이 메이크업 리무버에 한한다).
방향용	• 좋은 냄새가 나는 효과를 준다.

화장품 유형	표현 가능한 효능·효과(식약처에서 허가한 표현)
메이크업용	• 피부색에 색조 효과를 준다. • 피부를 보호하고 건조를 방지한다. • 피부가 수분이나 오일 성분으로 번들거림과 피부의 결점을 감춰준다. • 피부의 거칠어짐을 방지한다. • 메이크업의 효과를 지속시킨다(메이크업 픽서티브에 한한다). 립스틱 및 립글로스 • 입술에 색조 효과를 준다. • 입술에 윤기를 주고 부드럽게 한다. • 입술을 건강하게 보존한다. • 입술을 보호하고 건조를 방지한다. • 분장용 효과를 준다.
두발용	• 머리카락에 윤기와 탄력을 준다. • 두피 및 머리카락을 건강하게 유지시킨다. • 손상된 머리카락을 보호한다. • 머리카락의 거칠어짐, 갈라짐을 방지한다. • 머리카락을 부드럽게 한다. • 머리카락에 수분, 지방을 공급하여 유지시켜준다(헤어토닉 제외). • 두피를 깨끗하게 하고 가려움을 없어지게 해준다(헤어토닉에 한한다). • 머리카락의 세팅 효과를 유지한다. • 원하는 두발 형태를 만든다. • 두피 및 머리카락을 깨끗하게 씻어주고, 비듬 및 가려움을 덜어준다. • 머리카락을 부드럽게 한다. • 두피 및 머리카락을 건강하게 유지시킨다. • 머리카락에 윤기를 준다. • 정전기의 발생을 방지하여 쉽게 머리를 단정하게 한다. • 손상된 모발을 보호한다. • 머리카락에 웨이브를 형성시킨다. • 머리카락을 변형시켜 일정한 형으로 유지시킨다. • 웨이브한 머리카락, 말리기 쉬운 머리카락과 곱슬머리를 펴는 데 사용한다.
염모용	• 머리카락을 일시적으로 착색시킨다.

화장품 유형	표현 가능한 효능·효과(식약처에서 허가한 표현)
매니큐어용	**베이스코트 및 언더코트, 네일폴리시 및 네일 에나멜, 톱코트** • 손톱을 아름답게 한다. • 네일 에나멜을 바르기 전에 네일 에나멜의 피막 밀착성을 좋게 한다. • 네일 에나멜을 바른 후에 색감과 광택을 늘린다(네일 폴리시에 한한다). **네일 크림** • 손톱의 수분과 유분을 보충한다. • 손톱을 보호하고 건강하게 보존한다. • 큐티클층, 손, 발톱 주위의 피부를 유연하게 한다. **네일폴리시 리무버 및 네일 에나멜 리무버** • 손톱 화장을 지운다.
면도용	**애프터 셰이브 로션 및 남성용 탤컴** • 면도 후 면도 자국을 방지하여 피부를 가다듬는다. • 피부에 수분을 공급하고 조절하여 촉촉함을 주며, 유연하게 한다. • 피부를 보호하고 건강하게 한다. • 면도로 인한 상처를 방지한다. • 면도 후 이완된 모공을 수축시켜 피부를 건강하게 한다. **수염 유연제, 프리 셰이브 로션 및 셰이빙 크림** • 턱수염을 부드럽게 하여 면도를 용이하게 한다. • 피부를 유연하게 하여 면도에 의한 피부 자극을 줄이고 면도를 용이하게 한다.
기초 화장용	• 피부 거칠음을 방지하고 살결을 가다듬는다. • 피부를 청정하게 한다. • 피부에 수분을 공급하고 조절하여 촉촉함을 주며, 유연하게 한다. • 피부를 보호하고 건강하게 한다. • 피부에 수렴 효과를 주며, 피부 탄력을 증가시킨다. • 피부 화장을 지워준다(세안용 화장품에 한한다).

5장

홈쇼핑 표현
심의 위반
사례 모음

" 심의는 누가 할까? "

이번에는 심의 위반 사례 모음입니다. 특히 홈쇼핑의 자막과 멘트에서 광고 심의를 위반해 적발된 건 위주로 소개하겠습니다. 온라인 몰 위반 사례를 언급하기에는 사례가 너무 방대하고 유권해석이 심해 홈쇼핑 심의 위반 사례를 정리했습니다. 홈쇼핑 사례를 선택한 이유는 요즘 영상 마케팅이 대세여서가 아니라 현재 대한민국 모든 상업 판매 채널 중 심의 잣대가 가장 엄격한 곳이 홈쇼핑이기 때문입니다. 홈쇼핑 방송에서는 자막과 멘트를 만들 때 가장 엄격합니다. 쇼호스트의 멘트가 겉돌고 뻔하고 재미가 없는 이유이기도 합니다. 따라서 홈쇼핑 위반 사례만 공부해도 큰 도움이 될 겁니다.

먼저 영상은 누가 심의하고 어떻게 심의하는지 알려드리겠습니다. 홈쇼핑(7개 채널), 티커머스, 다시 말해 데이터 방송(10개 채널:

3부 벌금을 부르는 판매 언어

15초 보면 화면이 1/2로 줄어드는 채널, 녹화 홈쇼핑 방송), CF, 유튜브 광고 영상, 인포머셜(케이블 방송에서 중간중간 나오는 홈쇼핑 비슷한 방송, 일명 유사 홈쇼핑) 모두 심의 대상에 해당됩니다.

이 책을 쓰는 시점에 아직 법의 사각지대에 있는 곳이 딱 하나 있습니다. 라이브 커머스입니다. 심의 적용을 거의 받지 않는 무풍지대라 할 수 있습니다. 하지만 거기도 언젠간 법의 칼날이 드리워지겠죠.

통신판매 중 광고 영상 심의는 방송통신심의위원회(줄여서 방통심의위나 방심위)에서 합니다. 여기서는 방송법에 따라 방송 사업자의 방송과 광고 등을 심의합니다. 그중 소관 직무를 효율적으로 수행하기 위해 만든 방송심의소위원회에서는 홈쇼핑 사업자의 방송을 심의합니다.

방심위에서는 방송 프로그램의 법 위반 정도가 중하다고 판단될 때 법정 제재를 할 수 있고, 위반이 경미할 경우에는 단순 권고나 의견 제시를 할 수 있습니다. 가장 높은 수위인 과징금 제재에서 홈쇼핑사가 최대 부과받을 수 있는 과징금은 최대 1,000만 원에서 3,000만 원까지이며, 위반 행위의 내용이나 정도, 횟수 등을 고려해 결정됩니다.

만약 홈쇼핑사가 과징금을 받으면 추후 재승인 심사에서 벌점을 10점까지 받게 됩니다.

제재 수위마다 ▲주의는 1점 ▲경고는 2점 ▲관계자 징계는 4점 ▲과징금은 10점을 받게 되는데, 이 벌점은 모든 홈쇼핑사의 가장 큰 이슈입니다. 이유는 이렇습니다.

방송 채널을 PP(Program Provider)라고 부르는데, 신고 채널과 승인 채널로 나뉩니다. 공중파를 비롯한 거의 모든 채널은 신고 채널이기에 신고만 하면 계속 운영할 수 있습니다. 그래서 과거 공중파 MBC 〈생방송 음악캠프〉에서 인디 밴드 카우치가 성기를 노출하는 사건이 발생했음에도 MBC가 문을 닫지 않은 이유는 신고 채널이기 때문입니다.

하지만 몇몇 예외적인 채널이 승인 채널인데, 그중 홈쇼핑이 이에 해당됩니다. 다시 말해 몇 년마다 방심위에서 심사를 해서 점수가 미달되어 승인해주지 않으면 송출 중단이라는 최악의 사태까지 불러올 수 있습니다. 그러면 회사가 문을 닫아야 합니다. 몇 년 전 한 홈쇼핑이 실제 벌점이 높아 송출 중단 위기를 맞은 적이 있습니다. 그래서 홈쇼핑이 심의에 가장 민감하게 반응합니다.

자, 그럼 어디서도 볼 수 없는 상품군별 대표적 구체적 심의 위반 사례를 공개하겠습니다. 식품군은 앞서 많이 언급했기에 제외합니다. 이 사례들을 쭉 보시면서 반면교사로 삼으면 됩니다. 부디 다음 사례들이 남 얘기로만 머물기를 바랍니다.

가구, 인테리어

- **돌침대** - '초장파가 방출되어도 전자파 제로'라고 했다가 심의 제재를 받았습니다.

- **황옥석 식탁 세트** - '원적외선 방사되는 것처럼 표현'했다가 심의 제재를 받았습니다.

스포츠, 레저

- **등산화** - 실용신안등록을 받아놓고 '특허 받은 기술력'이라고 표현했다가 걸렸습니다.

- **의료용 바이브레이터** - 판매하면서 근육통 완화 기구인데 '몸매 관리 운동기구인 것처럼' 제품 효능을 오인케 하다 걸렸습니다.

- **저주파 자극기** - '운동과 이미용에 효과 있다'고 했다가 심의에 위반되었습니다.

문화, 취미

- **학습 교재** - '12일이면 재테크 마스터한다'고 했다가 적발되었습니다. 이렇게 근거가 불확실한 표현과 투기를 부추길 수 있는 표현은 위험합니다.

- **영어 교재** - '무조건 따라만 하면 영어가 된다'고 했다가 경고받았습니다. 지금도 이런 거짓 광고 넘쳐나죠? 신고하면 걸립니다.

따라 하지 마십시오.

- **인터넷 교육 상품** - '특정 강사에게 배우면 서울대 가는 건 쉬운 일'
  이라고 표현했다가 근거 불확실한 표현으로 심의에 걸렸습니다.

생활, 잡화

- **산세베리아** - '유해 가스 흡수, 미생물 제거, 전자파 막아준다'고
  했다가 심의에 걸렸습니다.
- **디스크 견인 장치** - '허리 통증을 근본적으로 해결'이라고 표현했
  다가 심의 위반되었습니다.
- **금연초** - '성인병 예방'이라고 했다가 심의 위반되었습니다.
- **연수기** - '가려움이 심해 잠 못 자는 아이, 피부 고민으로 병원에
  다니시는 분에게 권한다'고 했다가 심의 위반되었습니다.
- **기능성 의류** - '입고만 있어도 운동하는 효과'라고 했다가 심의 위
  반되었습니다.
- **음전위 매트** - '전자파 완벽 차단'이라고 했다가 심의 위반되었습
  니다. 완벽이란 말은 쓰면 완벽하게 안 됩니다.
- **메모리폼 베개** - '기존 베개는 세균의 온상'이라고 했다가 심의 위
  반되었습니다.
- **탈모 제품** - '대머리가 되는 건 상상하기도 싫다'는 표현을 썼습
  니다. 신체적 결함, 약점 등을 조롱하고 희화화하는 표현이라 심

의 위반되었습니다.

- **비누** - 여드름 예방은 괜찮을 수 있는데 '여드름 치료에 효능 있다'고 했다가 위반되었습니다.

- **전기 면도기** - '세계에서 가장 빠른 면도기'라는 표현을 쓰다가 위반되었습니다. 왜일까요? 전 세계 면도기 속도를 다 측정해봤나요? 전 세계에서 1등, 전 세계 최고 같은 표현은 일부 대기업 제품에서나 간혹 사용이 가능할 뿐 거의 안 됩니다.

- **스팀 청소기** - '집 안을 통째로 삶아버리세요'라고 표현했다가 위반되었습니다. 스팀 청소기는 가재도구를 한번 쓱 지나가는 거지 모든 물건을 삶는 건 아니기 때문입니다.

언더웨어, 패션, 패션 잡화

- **일본 수입 속옷** - '착용 시 운동량이 더 많아진다. 예쁜 가슴이 된다'라고 했다가 비객관적 표현이라고 심의 제재받았습니다.

- **가을 티셔츠** - 사실은 여름 티셔츠가 매진되었던 적이 있을 뿐인데 마치 동일 상품인 가을 티셔츠가 매진되었던 것처럼 '매진에 힘입어 고객 요청 쇄도로 다시 판매'라고 표현했다가 걸렸습니다.

- **운동화** - '자세 교정, 확실한 다이어트 효과, 다리를 예쁘고 날씬하게'라는 표현을 썼다가 위반되었습니다.

- **핸드백** - '이걸 들고 다니면 품격, 성향, 인격이 올라간다'고 했다

가 진실성 위반 사유로 심의 제재받았습니다.

이미용

- **화장품** - '물이 다른 화장품' 운운했다가 근거 없는 경쟁 제품 비하로 제재받았습니다.
- **12가지 곡물이 들어 있는 곡물 화장품** - '새살이 나오게 한다, 주름지지 않는다'고 검증되지 않은 효능을 주장하다 위반되었습니다.
- **화장품** - '바르자마자 효과를 볼 수 있는 특허 성분'이라고 표현했다가 근거 불확실한 표현으로 위반되었습니다.
- **한방 좌훈기** - '확 조여드는 느낌, 사랑하는 사람이 먼저 느낀다'라고 했다가 제재받았습니다. 광고에서 성적인 표현은 아직 보수적인 광고 심의 담당자들이 싫어합니다.
- **속옷** - '울룩불룩한 살을 정리해준다. 옷이 헐렁해진다'는 표현을 썼다가 효능 넘어선 과대·과장 표현으로 위반되었습니다.
- **황토 팩** - '제품 사용 후 약건성 피부가 없어졌다. 피부 성형 걱정도 필요 없다'라고 표현했다가 효능을 넘어서는 소비자 오도로 위반되었습니다.
- **체내형 생리대** - '착용하면 활동성이 보장받아 어느 정도 활발하게 움직일 수 있어 생리 기간이 단축된다'고 표현했다가 근거 불확실성 표현으로 위반되었습니다.

- **색조 화장품** - '화장을 할수록 피부가 좋아진다. 24시간 케어'라고 표현했다가 위반되었습니다. 좋아진다는 표현은 금지 문구인 '개선'으로 보기 때문입니다.

자동차, 주방 가전

- **배터리 수명 연장 전자 장치** - '차에 이걸 달면 1년에 36만 원 절약할 수 있다'라고 표현했다가 위반되었습니다. 왜 그럴까요? 단정적인 표현은 안 됩니다. 차종과 주행 환경 등 여러 변수를 고려하지 않고 표현한 거라 그렇습니다.
- **식기류 세트** - '백화점에서 왜 사? 여기가 이렇게 싼데?' 했다가 위반되었습니다. 타 판매 채널을 비방하면 안 됩니다.
- **초음파 살균 세척기** - '바이러스와 세균이 당신에게 병을 옮긴다. 사망하게 만들 수 있다'라고 했다가 위반되었습니다. 지나치게 공포 분위기를 조성하면 안 됩니다.
- **공기청정기** - '폐 속에 까만 때가 죽을 때까지 차곡차곡 쌓여간다. 당신이 병드는 이유'라고 했다가 불필요한 공포심 조장으로 위반되었습니다.
- **가전** - '믿음이 안 가는 중소기업 제품 쓰지 말고 대기업 거 선택하세요'라고 했다가 근거 없는 타사 비방으로 위반되었습니다.

CF 영상 & 광고 영상
심의 위반 사례 모음

이번에는 모바일, 온라인, TV 영상 광고에서 심의를 위반한 최근 사례를 언급하겠습니다.

한 모바일 애플리케이션 광고에서 음성과 자막으로 '존버' '레알' 등의 표현을 사용했다가 위반되었습니다.

불특정 다수의 시청자에게 노출되는 방송 광고에서 '존버'라는 저속한 조어 및 '레알'이라는 은어를 사용한 것은 시청자들의 건전한 언어생활을 해칠 우려가 있다는 점과 비록 사회적으로 많이 사용하는 표현이라 하더라도 방송에서 비속어 또는 은어 사용을 선도하는 것은 바람직하지 않다고 지적받았습니다.

방송법 제100조 제1항에 따라 향후 관련 규정을 준수하도록 '권고'를 의결받았습니다. 욕은 물론이고 비속어도 쓰지 마십시오. 좋은 표현도 많은데 굳이 그럴 이유는 없습니다.

한 기능성 화장품 회사는 '500달톤 저분자 콜라겐이 팔자 밸리를 향해 정확하게 정밀 돌파' '탱탱하게 차오르는 미샤일 콜라겐' 등과 같은 광고 속 표현으로 제재를 받았습니다. '식품의약품안전처로부터 기능성을 '인증'받은 수준을 넘어 기존의 주름까지 펴주는 효능이 있는 것처럼 인식될 우려가 있는 표현을 사용하여 시청자를 오인하게 했다'는 점에서 관련 심의 규정에 위반된 것입니다.

참고로 제가 위의 심의 처분 공문을 읽다 발견했는데, 공무원들도 실수하네요. '식약처 인증'이 아니라 '식약처 인정'입니다. 많은 곳에서 식약처 인증이라는 표현을 볼 수 있는데, 식약처에서 아주 싫어하는 표현입니다. 식약처는 상품을 인증해주지 않습니다. 단지 인정해준 겁니다. 그러니 판매 문구에 식약처를 언급하고 싶다면 '식약처에서 인정'이라고 표현하십시오.

콜라겐 광고에서 '50세 전후로 여성성이 떨어진다'고 반복적으로 언급해 중년 여성의 삶과 가치를 폄하하고, "섹시하다는 게 여자한테는 건강하다는 거잖아요"라고 언급했다가 제재받은 사례도 있습니다.

여성의 건강이 성적 매력과 결부되어 있다는 왜곡된 표현을 반복적으로 강조하고, 여성의 나이와 성적 매력의 관계에 대한 단순하고 차별적인 인식을 바탕으로 특정 성(性)에 대한 고정관념을 조장하는 내용을 방송한 것으로 볼 수 있어, '상품 소개 및 판매 방송 심의에 관한 규정(규칙 제143호)' 제33조(차별 금지 등) 제2항의 심의 규정을 위반한 것으로 의결받았습니다.

지금이 어느 시대인데 이렇게 시대착오적인 표현을 했을까요? '여자는 나이가 들면 여자가 아니다' '여자는 섹시해야 한다' 같은 표현을 쓰다니 어처구니가 없습니다.

15초 분량의 마시는 콜라겐 음료 CF가 제재를 받았습니다. 마시는 콜라겐은 건강 기능 식품이 아닌 일반 식품(혼합 음료, 기타 가공품)입니다. 그런데도 광고에서는 '매일 빠져나가는 콜라겐을 피부 가득 채우다' '갖고 싶으면 채워봐' 등 기능적 효능에 관한 표현을 썼기 때문입니다.

이 제품은 일반 식품임에도 피부 건강 개선과 관련된 단정적인 표현을 사용해, 시청자로 하여금 제품을 건강 기능 식품으로 오인하게 하거나 피부 건강에 직접적인 개선 효과가 있는 것으로 착각하게 할 우려가 있는 내용을 방송했다는 점에서 '방송 광고 심의에 관한 규정' 제18조(진실성) 제2항 제1호의 심의 규정을 위반했습니다. 앞서 배운 바대로 일반 식품을 건강식품처럼 오인하게 한 대표적인 사례입니다.

이런 사례에서 TV CF를 만드는 대형 광고대행사조차 표시 광고 심의를 모르고 있다는 사실을 알 수 있습니다. 그러니 외주 업체를 전적으로 신뢰하지 말고 스스로 공부하십시오.

케이블 채널에서 중간 광고에 나오는 4분짜리 인포머셜 광고의 위반 사례입니다.

남성용 기능성 화장품 인포머셜 광고에서 이런 표현을 했습니다.

'단 하나만 발라도 보습, 미백, 주름, 진정 올인원 케어'

'극적인 효과를 원하신다면 단 하나!'

'거무튀튀한 기미, 깊은 주름, 고민 없이 바르기만 하십시오! 하얗게! 매끈하게!'

'60대를 40대처럼, 50대를 30대처럼, 20년을 뛰어넘어보자!'

이와 더불어 제품 사용 전후 차이를 대조하는 장면을 반복해서 노출했다가 제재받았습니다. 화장품의 효능은 사용자 및 사용 환경에 따라 차이가 있을 수 있음에도 그 효과에 대해 단정·과장하는 표현을 사용한 것은 광고적 표현의 허용 범위를 벗어난 수준으로 보았기 때문입니다. 또 제품 사용 전후 비교 장면을 반복적으로 노출해 소비자가 제품의 효능·효과를 오인하거나 과신할 가능성이 높다는 점에서 '방송 광고 심의에 관한 규정' 제18조(진실성) 제2항 제1호의 심의 규정을 위반한 것입니다.

너무 어이가 없는 사례라 하나만 언급하겠습니다. 모 홈쇼핑에서 터틀넥 니트를 판매했는데 쇼호스트와 게스트가 니트 의류의 목 부분이 신축성 있게 잘 늘어난다는 점을 강조하면서 "여기 머리 하나 더 들어가지 않겠어요? 그 뭐지 샴쌍둥이" "샴쌍둥이. 몸 하나인데 머리가 2개"라고 언급했습니다.

출연자가 샴쌍둥이의 신체적 특징을 의류 상품에 비교해 언급하고 이를 반복했는데, 일반인과는 다른 샴쌍둥이의 신체적 차이를 조롱하거나 희화화하는 의미로 인식될 수 있고, 출연자의 해당 발언에 대해 방송 스태프 누구도 지적하거나 문제를 제기하지 않는 등 문제의식을 갖지 않은 것으로 볼 수 있어 사안이 가볍지 않다고 판단해 '상품 소개 및 판매 방송 심의에 관한 규정(규칙 제143호)' 제32조의 2(인권 보호) 제2항에 위반된 것으로 의결이 났습니다.

더 어이없는 예가 있습니다. 한 종편 채널 15초 분량의 모바일 게임 광고에서 드디어 욕이 나온 것입니다. 군단장이 전쟁에서 패배한 신하를 질책하는 장면을 보여주며 욕설로 추정되는 부분을 비프음 처리했고, 군단장이 전투력이 낮은 게임 내 장수 캐릭터를 상징하는 출연자의 머리 위로 물을 뿌리면서 냉소하는 모습을 보여줬습니다. 직접 욕이 안 나온다고 해서 괜찮은 게 아닙니다.

전후 맥락상 비프음 처리된 부분을 욕설이라 충분히 유추할 수 있고, 여러 편의 인터넷 홍보 영상에서 폭력적·가학적 소지가 있는 장면을 선별해 여과 없이 노출했다는 점에서 '방송 광고 심의에 관한 규정(규칙 제142호)' 제4조(품위 등) 제10호 심의 규정을 위반한 것으로 판단되었습니다.

" 알아야 안전하다 "

자, 여기까지 공부한 소감이 어떤가요? 물론 이 책에서 설명하는 표시 광고에 관한 법률 규정들은 이 책이 기술되던 시점의 법이며, 법규들은 계속 조금씩 바뀔 수 있기 때문에 상품 론칭 시 최신 규정에 대해 꼭 확인하시길 바랍니다. 교조적으로 들릴 수도 있지만 고대 격언은 '슬기로운 자는 위험을 보면 몸을 숨기지만, 경험 없는 자는 그대로 가다가 대가를 치른다(잠언 22:3, NW역)'고 알려줍니다.

알면 피할 수 있고 모르면 당하는 것이 표시 광고법입니다. 몰라서 당하면 하소연할 곳은 있겠지만 내 심정을 알아주는 사람은 없습니다. 우리가 변호사를 쓰는 이유는 그들이 법을 잘 아는 전문가이기 때문입니다. 마찬가지로 스스로가 법을 잘 알아야 피할 수 있고, 법규와 원칙과 사례를 알면 법을 피하면서도 마음껏 멋진 표현을 구사할 수 있습니다.

바다를 항해하는 노련한 뱃사람은 궂은 날씨를 피합니다. 사업도 마찬가지입니다. 위험한 모험을 하지 않기를 바랍니다. 항상 '탐욕스럽게 취한 재산은 결코 축복이 못 된다'는 고대 격언(잠언 20:21 NW역)을 마음속에 새기고 합법으로 열심히 일해 불법으로 매출 올리는 사람들을 이깁시다.

모쪼록 하시는 사업, 하시려는 사업이 순풍에 돛 단 듯 순풍순풍 순항만 하시길 바랍니다.

지금 당장 써먹는
1초 문구

다른 책에는 '찾아보기'가 있다면 이 책에는 바로 '찾아 써먹기'가 있습니다. 독자님의 상품군에 대한 아이디어가 필요하실 때마다 혹은 독자님 상품의 예시 문구와 사례가 있다면 즉시 참고하세요.